ATLAS PRATIQUE DE LA CUISINE FACILE

ATLAS
PRATIQUE
DE LA
CUISINE
FACILE

EDITIONS
ATLAS

Édité par :

France – ÉDITIONS ATLAS s.a.
89, rue de la Boétie, 75008 Paris

Cet ouvrage est une édition partielle de l'encyclopédie
« Cuisine Trois Saveurs ».

Réalisation couverture : Les Quatre Lunes.

Imprimé en C.E.E.
Dépôt légal : 2ᵉ semestre 1999
ISBN : 2-7234-3119-3

Crédits photos

En couverture : Losito/IGDA, Martini/IGDA.
IGDA : 42-43, 208-209. Martini/IGDA : 10-11, 12-13, 18-19, 24-25, 32-33, 34-35, 36-37, 44-45, 48-49, 54-55, 58-59, 62-63, 78-79, 80-81, 94-95, 96-97, 104-105, 108-109, 112-113, 124-125, 134-135, 136-137, 140-141, 160-161, 168-169, 170-171, 174-175, 176-177, 178-179, 180-181, 184-185, 186-187, 196-197, 200-201, 214-215, 220-221, 224-225, 226-227, 228-229, 232-233, 236-237. Martini-Sarcina/IGDA : 26-27, 72-73, 84-85, 92-93, 98-99, 130-131, 230-231. Feroldi-Sarcina/IGDA : 198-199. Losito/IGDA : 14-15, 16-17, 20-21, 22-23, 30-31, 46-47, 52-53, 56-57, 60-61, 64-65, 66-67, 70-71, 74-75, 76-77, 88-89, 90-91, 102-103, 120-121, 122-123, 128-129, 132-133, 144-145, 146-147, 148-149, 150-151, 152-153, 158-159, 166-167, 182-183, 188-189, 192-193, 194-195, 202-203, 204-205, 206-207, 212-213. Marcialis/IGDA : 138-139. Ummarino/IGDA : 114-115. Pisacane/IGDA : 116-117, 218-219. Visual Food/IGDA : 40-41, 82-83, 154-155, 162-163, 210-211. Prima Press/IGDA : 164-165.

Introduction

Fumets enivrants qui s'échappent des casseroles, gâteaux qui gonflent dans le four, fébrilité des préparatifs, amalgames secrets des ingrédients et des arômes, la cuisine c'est tout cela.

L'art de la cuisine peut être pratiqué par tous. Débutant ? Nos recettes vous guident pas à pas vers la réussite. Plus expert ? Vous aurez aussi la satisfaction de régaler vos convives.

La diététique est un souci pour certains. Nous vous proposons des solutions simples pour alléger les recettes qui n'en resteront pas moins savoureuses.

Le micro-ondes bien utilisé fait gagner un temps précieux : nous vous indiquons en détail pour chaque recette les étapes possibles à exécuter avec ce mode de cuisson.

Le choix de la boisson qui accompagne la recette est très important. C'est pourquoi nous vous en indiquons une ou plusieurs pour un mariage parfait avec le mets proposé. La façon de servir le plat pour en faire par exemple un repas complet, les changements à apporter à la recette selon les goûts de chacun, les suggestions d'accompagnement pour varier les menus, le choix des ingrédients (comment reconnaître les meilleurs, savoir pour certains ce qui les compose et comment ils sont fabriqués, en quelle saison les acheter de préférence, etc.) si important pour en tirer le meilleur parti, des suggestions de présentation pour le plaisir des yeux, tout cela vous est proposé pour chaque recette.

La cuisine est un art, un des plus conviviaux qui soient. Fait comme tous les arts d'un mélange de technique et de talent. Vous allez acquérir la technique. Puis viendra le temps où vous mettrez votre « grain de sel » dans la recette, comme tout cordon bleu. C'est ce qu'on appelle le talent...

L'Éditeur

Sommaire

Entrées

ENTRÉES

Œufs des bois

pour 8 personnes

- 6 œufs
- 3 petites tomates bien rondes
- 1 cœur de laitue
- 2 cuil. à s. de mayonnaise
- sel, poivre

Les ingrédients

Préparation : 15 min

Cuisson : 10 min

Prix :

Calories :

Attente : 20 min

Lavez les tomates, essuyez-les avec un torchon propre, puis coupez-les en deux dans le sens de la hauteur. A l'aide d'une cuillère, évidez-les de leur jus et de leurs pépins, en faisant attention de ne pas entamer la chair. Retournez-les sur un linge propre pour qu'elles s'égouttent tout à fait pendant au moins 20 min.

Pendant ce temps, portez une petite casserole d'eau à ébulliton. Lorsqu'elle bout, glissez-y les œufs un par un à l'aide d'une cuillère à soupe. Comptez de 7 à 10 min de cuisson, puis égouttez-les et faites-les refroidir sous de l'eau fraîche. Écalez-les et coupez une petite tranche à la base de chacun des œufs afin qu'ils tiennent debout.

Détachez les feuilles du cœur de laitue, lavez-les soigneusement et égouttez-les. Disposez-les sur le plat de service et déposez par-dessus les quatre œufs en position verticale, la partie coupée en dessous.

Couvrez chaque œuf d'une demi-tomate. Mettez la mayonnaise dans une poche avec une douille lisse et fine, puis décorez les chapeaux de tomate de petits points de mayonnaise, afin d'imiter une amanite. Servez avec le reste de mayonnaise, de sel et du poivre à volonté.

tour de main

Pour la cuisson des œufs, comptez 7 ou 8 min si vous les voulez mollets, et 10 min pour qu'ils soient tout à fait durs.
Coupez bien les tomates dans le sens de la hauteur, afin que l'attache de leur queue ne se trouve pas sur le dessus du chapeau de l'œuf, ce qui gâcherait l'effet décoratif.

CUISINE MINCEUR

A part la mayonnaise, qui est utilisée en très petite quantité pour la décoration, cette recette présente toutes les qualités souhaitables pour figurer dans un régime. Éventuellement, remplacez la mayonnaise par une sauce faite avec deux cuillerées à soupe de fromage blanc, à 0 % de matières grasses, du sel, du poivre, du paprika et un filet d'huile d'olive.

CUISINE RAPIDE ET MICRO-ONDES
Il n'y a aucune utilisation possible du four à micro-ondes pour réaliser cette recette.

RECOMMANDATIONS
Un plat à présenter aux enfants pour les mettre en appétit et les faire manger en s'amusant. Un grand verre d'eau ou de lait semble la boisson la plus recommandée.
Si vous servez ces œufs à des adultes, accompagnez-les d'un vin rouge simple et frais, un beaujolais-villages par exemple, ou un bon côtes-du-rhône.
Étant donné la simplicité de cette recette, il importe que les ingrédients de base soient frais et savoureux. Choisissez de préférence des œufs fermiers et des tomates bien fermes et mûres.

Flan tricolore aux légumes

pour 8 à 10 personnes

POUR LA PARTIE ORANGE :
- 500 g de carottes
- 3 œufs
- 20 g de beurre
- 3 cuil. à s. de lait
- sel, poivre

Les ingrédients

POUR LA PARTIE VERTE :
- 600 g de brocolis
- 3 œufs
- 20 g de beurre
- 3 cuil. à s. de lait
- sel, poivre

POUR LA PARTIE BLANCHE :
- 400 g de céleri-rave
- 3 œufs
- 20 g de beurre
- 3 cuil. à s. de lait
- sel, poivre

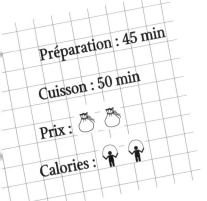

Préparation : 45 min

Cuisson : 50 min

Prix :

Calories :

Préparez la partie orange : pelez et lavez les carottes, coupez-les en dés. Faites fondre le beurre dans une casserole et faites-y revenir les morceaux de carotte 2 min.
Ajoutez un demi-verre d'eau, salez et poivrez, couvrez et faites cuire 15 min, en remuant de temps en temps.
Laissez refroidir puis passez les carottes au mixeur.
Versez la purée dans une terrine.

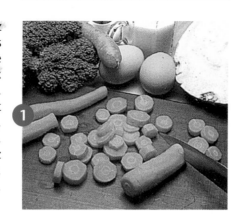

Préparez la partie verte : séparez les brocolis en bouquets, lavez-les et plongez-les dans une casserole d'eau bouillante salée 3 min. Égouttez-les.
Faites fondre le beurre dans une poêle et faites-y revenir les brocolis 8 min à couvert avec du sel et du poivre.
Passez-les ensuite au mixeur et versez la purée dans une terrine. Pour la partie blanche, pelez le céleri-rave et coupez-le en morceaux. Plongez-le 3 min dans l'eau bouillante salée.

Égouttez-le, puis faites-le cuire avec le beurre, un demi-verre d'eau, du sel et du poivre, dans une casserole à couvert pendant 15 min.
Passez-le au mixeur et versez la purée dans une troisième terrine. Ajoutez un œuf dans chaque préparation.
Dans trois bols différents, mélangez le lait, du sel et du poivre.
Incorporez ce mélange à chacune des préparations, en utilisant éventuellement le bol du mixeur.

Faites chauffer le four à 200 °, thermostat 6. Beurrez un moule couronne et versez-y les différentes préparations, en alternant les couleurs selon votre goût. Placez le moule dans un bain-marie et glissez le tout dans le four. Faites cuire 50 min. Glissez une lame fine le long des parois du moule avant de le retourner sur un plat de service.
Portez à table sans attendre.

tour de main

Pour abréger le temps de préparation, parez, lavez et coupez tous les légumes. Faites-les cuire simultanément dans des récipients différents.
Rincez bien le bol du mixeur entre chaque utilisation, afin que chaque couleur reste pure.
Placez le moule dans un plat rempli d'eau aux deux tiers de la hauteur du moule : l'eau ne doit en aucun cas déborder dans le moule.

CUISINE MINCEUR

Une recette presque parfaite : réduisez la quantité de beurre en utilisant des récipients à revêtement antiadhésif. Choisissez du lait écrémé.
Servez ce flan délicat avec un poisson à chair blanche cuit en papillote ou à la vapeur.

CUISINE RAPIDE ET MICRO-ONDES

Préparez les différentes purées comme ci-dessus, puis versez-les dans un moule à savarin (couronne) en verre. Faites cuire à découvert 10 min à puissance maximale, puis 10 min à puissance moyenne.

RECOMMANDATIONS

Vous pouvez servir ce plat en entrée ou en garniture. Dans ce dernier cas, choisissez le vin en fonction de la viande ou du poisson que ce flan accompagne. Ce flan au goût fin garnira aussi bien des viandes grillées ou rôties qu'un poisson cuit en papillote ou à la vapeur. Vous pouvez décorer le centre de la couronne des mêmes petits morceaux de légumes cuits à la vapeur ou à l'étouffée ou avec des bouquets d'herbes aromatiques : estragon, cerfeuil ou basilic.

ENTRÉES

Œufs mollets au cerfeuil

pour 4 personnes

Les ingrédients

- 8 œufs
- 4 pommes de terre
- 100 g de crème fraîche
- 1 bouquet de cerfeuil
- quelques brins de coriandre
- sel, poivre du moulin

Préparation : 30 min

Cuisson : 25 min

Prix :

Calories :

Lavez les pommes de terre et pelez-les, puis détaillez-les en cubes de taille moyenne. Portez une casserole d'eau salée à ébullition, plongez-y les pommes de terre et laissez-les cuire au moins 15 min, selon la taille des morceaux. Égouttez-les.

Pendant leur cuisson, lavez le cerfeuil et la coriandre sous l'eau courante, essuyez-les soigneusement et ciselez-les. Portez une autre casserole d'eau salée à ébullition. Piquez les œufs à leur extrémité la plus ronde avec la pointe d'une épingle et, dès que l'eau bout, déposez-les délicatement, à l'aide d'une cuillère, dans le fond du récipient. Laissez-les cuire environ 5 min.

Sortez les œufs, passez-les sous l'eau froide afin de les rafraîchir, puis écalez-les en brisant doucement la coquille contre le plan de travail avant de l'ôter. Réservez-les sur une assiette et couvrez-les de papier d'aluminium pour les garder au chaud. A l'aide d'une fourchette ou d'un presse-purée, écrasez les pommes de terre.

Incorporez à la purée ainsi obtenue le cerfeuil et la coriandre ciselés, puis la crème fraîche. Mélangez soigneusement, jusqu'à ce que la purée soit onctueuse et homogène. Vérifiez l'assaisonnement en sel et donnez quelques tours de moulin à poivre. Tapissez le fond du plat de service de purée, et déposez dessus les œufs mollets écalés.

tour de main

Les pommes de terre sont cuites quand vous pouvez traverser le plus gros morceau avec une pique à olives ou les dents d'une fourchette sans rencontrer de résistance.
Il existe une autre façon de cuire les œufs mollets. Déposez-les délicatement dans une casserole d'eau froide très salée et vinaigrée, mettez-la sur le feu et portez-la à ébullition. Comptez 1 min à partir du moment où l'eau bout – quelques secondes de plus si les œufs sortaient du réfrigérateur – et ils seront cuits. Cette méthode réduit le risque d'éclatement des coquilles en cours de cuisson.

CUISINE MINCEUR
Dans le cadre d'un régime, diminuez les portions proposées par deux. En effet, l'œuf est un aliment assez riche et, accompagné d'une purée à la crème, un seul œuf suffit largement. Remplacez la crème fraîche par de la crème allégée à 15 % de matières grasses.

CUISINE RAPIDE ET MICRO-ONDES
Ne mettez pas des œufs en coquille dans un four à micro-ondes, ils exploseraient. Vous pouvez en revanche y cuire les pommes de terre. Pelez-les, rincez-les et détaillez-les. Placez-les dans un plat avec quelques cuillerées d'eau, couvrez, et laissez-les cuire 12 min à puissance maximale, en ayant soin de les remuer à mi-cuisson.

RECOMMANDATIONS
Servez avec ce plat un vin blanc de la Loire, jeune, nerveux et sec, comme un muscadet.
Vérifiez la date d'emballage et, si possible, la date de ponte des œufs, afin de vous assurer de leur fraîcheur.
Pour réaliser la purée, choisissez des pommes de terre de Hollande à chair farineuse.

ENTRÉES

Tarte à la moutarde

pour 4 personnes

les ingrédients

- 400 g de pâte feuilletée
- 4 tomates
- 150 g de gruyère
- 4 cuil. à s. de moutarde forte
- 2 cuil. à s. de farine
- 1 cuil. à c. de beurre

Préparation : 25 min

-

Cuisson : 50 min

Prix :

Calories :

Beurrez un moule à tarte à fond amovible de 24 cm de diamètre et saupoudrez-le d'une cuillerée à soupe de farine. *Agitez* le moule dans tous les sens pour que la farine se répartisse sur le fond et les parois du moule, et jetez l'excédent. *Faites* chauffer le four à 240 °, thermostat 8.

Étalez la pâte feuilletée sur un plan de travail fariné, sur environ 5 mm d'épaisseur. Garnissez-en le moule préparé en veillant à ne pas trop tendre la pâte sur les parois. *Répartissez* la moutarde forte avec le dos d'une cuillère sur le fond de pâte.

Faites chauffer une casserole d'eau. Lorsqu'elle bout, plongez-y les tomates pendant 30 s. *Sortez-les* aussitôt, pelez-les, coupez-les en quatre et épépinez-les. *Laissez-les* refroidir. *Découpez* le gruyère en lamelles de 5 mm d'épaisseur.

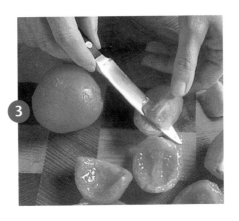

Garnissez la tarte en recouvrant la moutarde de lamelles de fromage, puis de quartiers de tomates disposés en cercles concentriques. *Enfournez* la tarte et faites-la cuire 40 min. *Vérifiez* la cuisson de la pâte en soulevant légèrement le bord de la tarte du moule. *Si* le fond est rigide, la pâte est cuite. *Sinon*, prolongez la cuisson de 10 min.

tour de main

Pour préparer la pâte feuilletée vous-même, versez 200 g de farine tamisée sur un plan de travail. Creusez-y un puits et versez 1 dl d'eau et 5 g de sel. Mélangez avec les doigts jusqu'à l'obtention d'une pâte lisse. Étalez la pâte au rouleau en un rectangle de 5 mm d'épaisseur et mettez au centre 100 g de beurre très froid, coupé en dés. Repliez les coins sur le beurre. Laissez reposer 10 min au frais. Abaissez la pâte en forme de bande, pliez-la en trois pour obtenir un carré, replacez 15 min au frais. Recommencez dans le sens contraire, et procédez ainsi six fois de suite. La pâte est prête.

CUISINE MINCEUR

Sans la pâte feuilletée, cette tarte serait plutôt diététique. Il est cependant difficile de s'en passer, à moins de modifier la recette et de présenter les tomates dans un plat à gratin.

CUISINE RAPIDE ET MICRO-ONDES

La cuisson de la pâte feuilletée ne donne pas de bons résultats dans un four à micro-ondes. En revanche, vous pouvez parfaitement y cuire les tomates à la moutarde, version allégée : couvrez le plat et enfournez-le 10 min à pleine puissance ; attendez 5 min avant de le sortir du four.

RECOMMANDATIONS

Servez un côtes-du-rhône-villages rouge, comme un domaine Estournel.
Cette tarte peut être réalisée avec de la moutarde forte de Dijon ou avec de la moutarde à l'ancienne, en grains, au goût plus délicat et moins piquant, type moutarde de Meaux. Si vous préférez cette dernière, augmentez de moitié la quantité. Vous pouvez utiliser des tomates pelées au jus, à condition de bien les égoutter, de les couper en deux et de les épépiner soigneusement.

Salade de langoustines aux asperges

pour 4 personnes

• 16 asperges

• 400 g de queues de langoustine

• 1 bouquet de salade de saison (mâche, laitue, roquette…)

• 1 branche de céleri

• 1 petite carotte • 1 petit oignon

• 4 cuil. à s. d'huile d'olive

• 2 cuil. à s. de jus de citron

• 1 feuille de laurier

• sel, poivre

Préparation : 15 min

Cuisson : 30 min

Prix :

Calories :

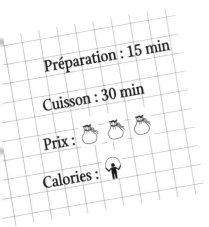

Lavez la branche de céleri. Pelez et lavez la carotte, épluchez l'oignon et émincez-le. Placez le tout dans une casserole, couvrez avec 1 l d'eau et ajoutez la feuille de laurier. Salez, poivrez, portez à ébullition et laissez bouillir 15 min. Au bout de ce temps, jetez dans le bouillon les queues de langoustine rincées, et faites-les cuire 4 min.

Égouttez-les, laissez-les complètement refroidir puis décortiquez-les. Triez et lavez la salade, égouttez-la soigneusement et disposez-la joliment sur des assiettes individuelles. Répartissez les langoustines par-dessus. Préparez les asperges : retirez leur partie dure et plumez-les.

Coupez les pointes et réservez-les, coupez le reste en rondelles. Faites cuire les pointes et les rondelles d'asperges 7 ou 8 min à la vapeur. Pendant ce temps, préparez la sauce : mettez dans un bol l'huile d'olive, le jus de citron, du sel et du poivre et battez le tout à la fourchette.

Égouttez les asperges et faites sécher rapidement les rondelles dans une poêle à revêtement antiadhésif. Disposez les pointes entre les langoustines, les rondelles au centre du plat, arrosez de sauce et portez à table.

tour de main

Plumer les asperges consiste à enlever la couche superficielle de peau dure à l'aide d'un couteau à lame fine ou d'un épluche-légumes, en allant de la pointe vers le pied. Surveillez bien la cuisson des asperges : pour une salade, elles doivent rester un peu fermes.

CUISINE MINCEUR

L'asperge est un légume très peu nourrissant (25 kcal pour 100 g), riche en vitamines A et C et en fibres. Les langoustines, comme tous les crustacés, sont d'excellents aliments sur le plan diététique : riches en protéines et en oligo-éléments, elles apportent une quantité infime de graisse.

La sauce, à base d'huile d'olive (une merveille pour la santé) et de jus de citron, ne vient pas déparer ce modèle de diététique. Voici donc une recette exemplaire, à croquer à belles dents et sans complexes !

CUISINE RAPIDE ET MICRO-ONDES

Étant donné la brièveté des temps de cuisson, l'usage du four à micro-ondes ne se justifie pas.

RECOMMANDATIONS

Choisissez un bon vin blanc pour accompagner cette salade raffinée : un graves un peu âgé en bordeaux, ou un montrachet en bourgogne.

De nombreuses salades peuvent convenir pour cette entrée : de la mâche en hiver, un bon cœur de laitue, du mesclun (mélange de diverses salades telles que scarole, rougette, pissenlit, roquette). Si vous avez la chance d'en trouver, prenez de la roquette. Cette salade aux feuilles dentelées a un goût un peu piquant et fumé qui s'accordera subtilement avec les autres ingrédients.

Petits beignets aux épinards et au lard

pour 4 personnes

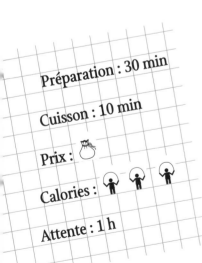

Préparation : 30 min

Cuisson : 10 min

Prix :

Calories :

Attente : 1 h

POUR LA PÂTE :

- 250 g de farine de sarrasin
- 2 œufs + 2 jaunes
- 1/2 l de lait
- 100 g de beurre
- sel, poivre

POUR LA GARNITURE :

- 400 g d'épinards frais
- 150 g de lard de poitrine demi-sel
- 2 cuil. à s. de parmesan râpé
- huile pour friture
- persil

Préparez la pâte : faites fondre le beurre sur feu doux. Versez la farine dans une terrine. Formez une fontaine au centre et mettez-y les œufs entiers, les jaunes, du sel et du poivre. Battez le mélange à la fourchette tout en ajoutant alternativement, par petites quantités, le lait et le beurre fondu. Couvrez et laissez reposer au réfrigérateur pendant 1 h.

Pendant ce temps, parez les épinards, lavez-les dans plusieurs eaux, puis placez-les dans une casserole avec une pincée de gros sel. Faites-les cuire sur feu vif quelques minutes, jusqu'à ce qu'ils fondent. Égouttez-les. Coupez le lard en lardons, que vous ferez revenir dans un peu d'huile, puis laissez-les tiédir sur un papier absorbant. Sortez la pâte du réfrigérateur et ajoutez-y les lardons tièdes et le parmesan râpé.

Hachez grossièrement les épinards et ajoutez-les également à la pâte. Mélangez soigneusement. Faites chauffer une bonne quantité d'huile (jusqu'à environ 3 cm de hauteur) dans une poêle ou dans une friteuse. Lorsqu'elle est chaude, plongez-y plusieurs cuillerées de pâte.

Lorsque les beignets sont dorés d'un côté, retournez-les et faites-les dorer sur l'autre face, puis retirez-les et déposez-les sur un papier absorbant. Procédez de même jusqu'à épuisement de la pâte. Disposez tous les beignets sur un plat de service, décorez avec quelques brins de persil et portez à table.

tour de main

Les épinards cuiront dans l'eau restant sur les feuilles après le dernier lavage. Égouttez-les dans une passoire 15 min, en les pressant du dos d'une cuillère de temps à autre. Faites cuire les beignets par petites quantités, pour ne pas abaisser brusquement la température de l'huile, et afin qu'ils ne collent pas entre eux.

CUISINE MINCEUR

Les fritures ne sont jamais conseillées dans le cadre d'un régime minceur car, quelle que soit la pâte employée, le passage dans l'huile bouillante donne un résultat terriblement gras.

Évitez donc ces beignets et réservez-vous une petite portion d'épinards que vous consommerez tièdes, arrosés d'un peu de jus de citron et d'un filet d'huile d'olive : c'est délicieux et hautement diététique.

Les épinards, c'est bien connu, sont très riches en fer. Malheureusement, il se présente sous une forme malaisément assimilée par notre organisme. Mais les épinards contiennent aussi beaucoup de provitamine A et de vitamines B et C, qui, elles, seront pleinement assimilées.

CUISINE RAPIDE ET MICRO-ONDES

Les fritures ne peuvent être réalisées au four à micro-ondes car il est presque impossible de surveiller la température de l'huile.

RECOMMANDATIONS

Choisissez un vin blanc plutôt sec, un sancerre par exemple.
Les épinards jeunes sont particulièrement excellents.
Préférez les feuilles plutôt petites et lisses, d'un vert intense et brillant. Attention, les épinards ne se conservent pas, même au réfrigérateur. Achetez-les le jour même. Vous pouvez réaliser cette recette avec des épinards entiers surgelés : prenez soin de bien les égoutter.

ENTRÉES

Œufs farcis à l'oseille

pour 6 personnes

- 6 œufs
- 250 g d'oseille
- 20 cl de crème fraîche
- 1 noix de beurre
- sel, poivre du moulin

Les ingrédients

Préparation : 30 min

Cuisson : 20 min environ

Prix :

Calories :

Portez une casserole d'eau salée à ébullition. Pendant ce temps, à l'aide d'une épingle, piquez la coquille des œufs délicatement du côté de la poche d'air (bout rond) pour qu'ils n'éclatent pas au contact de l'eau chaude. Déposez-les un à un avec une cuillère dans l'eau bouillante. Comptez 9 min de cuisson. Sortez-les de la casserole, et passez-les sous l'eau froide.

Pendant la cuisson des œufs, lavez l'oseille à grande eau et égouttez-la. Équeutez les feuilles, puis hachez-les grossièrement sur une planche. Mettez la noix de beurre à fondre dans une sauteuse, ajoutez l'oseille et faites-la revenir 5 min à petit feu, en remuant à la cuillère en bois. Assaisonnez, égouttez l'oseille et passez-la à travers la grille la plus fine du moulin à légumes.

Faites chauffer le four à 240 °, thermostat 8. Écalez les œufs en prenant soin de ne pas les abîmer. Coupez-les en deux à l'aide d'un couteau bien tranchant, videz les jaunes dans une assiette creuse, réservez les demi-blancs dans une autre assiette. Écrasez les jaunes à la fourchette, ajoutez-y la purée d'oseille et deux cuillerées à soupe de crème fraîche et mélangez jusqu'à obtention d'une crème lisse.

Remplissez les demi-blancs d'œufs avec la farce, et lissez-la, à l'aide d'un couteau, en forme de dôme. Mettez deux cuillérées à soupe de crème fraîche dans le fond d'un plat à gratin, déposez dessus les œufs farcis, nappez chaque œuf d'une demi-cuillerée à café de crème et enfournez 6 min.

tour de main

Si cette entrée vous semble trop légère, vous pouvez préparer un œuf supplémentaire par personne, farci d'une purée de tomates aromatisée aux fines herbes (persil plat, estragon, ciboulette, thym, romarin, cerfeuil). Préparez la farce de la même façon que celle à l'oseille, mais sans crème fraîche.

Plus une recette est simple, plus les ingrédients qui la composent doivent être d'une qualité irréprochable. Choisissez des œufs de poules élevées en liberté et, idéalement, provenant de l'agriculture biologique.

CUISINE MINCEUR

Ce plat peut convenir dans le cadre d'un régime. Si vous désirez l'alléger encore, supprimez la crème fraîche de la farce et remplacez-la par du fromage blanc à 0 % de matières grasses.

CUISINE RAPIDE ET MICRO-ONDES

Vous ne pouvez faire cuire les œufs au four à micro-ondes sans risquer qu'ils n'éclatent. Préférez une cuisson traditionnelle. En revanche, réalisez la purée d'oseille dans le four de la façon suivante : faites fondre la noix de beurre dans un plat creux couvert de papier absorbant, pendant 30 s, à puissance maximale. Ajoutez l'oseille hachée et faites cuire 3 min à même puissance.

RECOMMANDATIONS

Servez un vin blanc de la Loire, jeune et nerveux, comme un muscadet.

La meilleure période pour se procurer de l'oseille fraîche sur le marché se situe aux alentours des mois d'avril et mai. Il existe différentes variétés d'oseille – à feuilles plus ou moins larges, lisses ou cloquées, d'un vert plus ou moins foncé – toutes savoureuses. Utilisez des œufs de bonne taille – 75 g minimum.

ENTRÉES

Salade de légumes panachés

pour 4 à 6 personnes

- 200 g de petits pois frais
- 200 g de flageolets frais
- 100 g de navets
- 100 g de carottes
- 100 g de haricots verts
- 100 g de jambon blanc
- 100 g de gros cornichons
- 1 bouquet de chou-fleur
- 1 cuil. à s. de câpres
- 1 cuil. à s. de mayonnaise
- 2 cuil. à s. d'huile d'olive
- 2 cuil. à c. de vinaigre balsamique
- sel, poivre du moulin

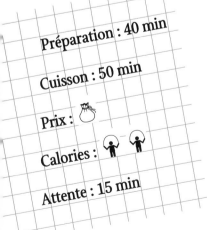

Préparation : 40 min

Cuisson : 50 min

Prix :

Calories :

Attente : 15 min

Prélevez dans le chou-fleur un bouquet de la taille d'un bel œuf et passez-le sous l'eau courante. Écossez les petits pois et les flageolets. Portez une grande casserole d'eau salée à ébullition. Plongez-y les flageolets et laissez-les cuire 20 min. Procédez de même pour les petits pois et le bouquet de chou-fleur, en les cuisant séparément, pendant environ 10 min.

Pendant ce temps, lavez les carottes et les navets, pelez-les puis, à l'aide d'un couteau bien aiguisé, détaillez-les en petits bâtonnets, comme pour faire une jardinière. Équeutez les haricots verts, nettoyez-les à l'eau et taillez-les en biseau.

Cuisez ces légumes de la même manière, à l'eau bouillante salée, mais 5 min seulement à partir de la reprise de l'ébullition. Dès qu'ils sont cuits, rafraîchissez les légumes sous de l'eau froide, laissez-les égoutter 5 min, puis versez-les séparément dans des bols. Assaisonnez chacun de sel, d'un à deux tours de moulin à poivre, d'un filet de vinaigre et d'huile d'olive.

Laissez mariner les légumes pendant 15 min. Pendant ce temps, coupez le jambon et les cornichons en lanières. Dans un saladier, disposez les légumes en petits tas. Remplissez les interstices avec les juliennes de jambon et de cornichons. Présentez cette salade nappée de mayonnaise et parsemée de câpres. Liez-la à la mayonnaise en la tournant délicatement, juste avant de la servir.

tour de main

Pour la mayonnaise, mélangez un jaune d'œuf à une cuillerée à café de moutarde forte. Salez, poivrez, incorporez une cuillerée de jus de citron et une cuillerée de vinaigre de champagne, puis ajoutez, tout en fouettant, 2 dl d'huile, en mince filet.

CUISINE MINCEUR

Cette salade est, dans l'ensemble, très digeste. Pour l'alléger, augmentez la quantité de navets et de haricots verts, et supprimez les flageolets et les petits pois qui représentent un apport de sucre plus important que les autres légumes. Vous pouvez aussi rectifier l'assaisonnement à votre goût, au dernier moment, sans ajouter de mayonnaise. Remplacez-la par une sauce citronnée, composée d'une cuillerée à soupe de crème fraîche allégée, d'un jus de citron, de sel et de poivre.

CUISINE RAPIDE ET MICRO-ONDES

Tous les légumes peuvent être cuits au four à micro-ondes. Préparez-les en suivant la recette de base, et faites-les cuire séparément de la façon suivante : mettez-les dans un plat avec une cuillerée d'eau, couvrez, et laissez cuire, à puissance maximale, 2 min le chou-fleur, 5 min les petits pois, 8 min les flageolets, 3 min les navets et les carottes. Il est nécessaire de remuer au moins une fois en cours de cuisson.

RECOMMANDATIONS

Servez avec un vin blanc sec, tel qu'un chablis.
Utilisez de préférence des navets et des carottes en bottes, plus tendres que ceux vendus en vrac.
Assurez-vous de la fraîcheur des petits pois et des flageolets en vérifiant que les cosses sont dépourvues de taches et bien cassantes. Idem pour les haricots verts. Choisissez une variété sans fils. Les haricots extra-fins sont les meilleurs.

Tourte parmentière à l'estragon

pour 6 personnes

- 1 kg de pommes de terre
- 500 g de pâte feuilletée
- 50 cl de lait entier
- 5 œufs
- 200 g de comté râpé
- 150 g de crème fraîche
- 1 branche d'estragon frais
- noix muscade râpée
- sel, poivre

Préparation : 1 h

Cuisson : 1 h 15

Prix :

Calories :

Pelez, lavez et essuyez les pommes de terre. Coupez-les en rondelles d'environ 1 cm d'épaisseur. Disposez-les dans une casserole, arrosez-les avec le lait, salez-les, poivrez-les et faites-les cuire 15 min. Égouttez-les et réservez-les dans une terrine. Fouettez ensemble la crème fraîche, la noix muscade, une pincée de sel et quatre œufs.

Cassez le dernier œuf, réservez le blanc et ajoutez le jaune à la crème, ainsi que l'estragon lavé et effeuillé. Faites chauffer le four à 240 °, thermostat 8. Partagez la pâte feuilletée en deux. Abaissez une moitié et garnissez-en un moule de 25 cm diamètre, beurré. Parsemez le fond de fromage râpé et recouvrez d'une couche de pommes de terre. Alternez de même jusqu'à épuisement des ingrédients et nappez de la préparation à la crème.

Abaissez la seconde moitié de pâte et recouvrez-en la préparation. Soudez les bords et le couvercle de pâte en pinçant légèrement ensemble les deux épaisseurs. Découpez un petit rond au centre pour laisser partir la vapeur. Battez rapidement le blanc d'œuf mis de côté pour le faire légèrement mousser.

Badigeonnez-en la surface de la tourte, avant de l'enfourner. Au bout de 15 min, couvrez-la de papier sulfurisé. Au bout de 30 min, baissez la température à 220 °, thermostat 7, et prolongez la cuisson de 15 min. Si vous devez consommer la tourte immédiatement, laissez-la reposer 5 min dans le four éteint. Si vous pensez la servir plus tard, diminuez le temps de cuisson de 5 min et réchauffez-la d'autant, au dernier moment.

tour de main

Vous pouvez réaliser la pâte feuilletée vous-même, mais c'est un travail long et délicat, et on trouve dans le commerce des pâtes feuilletées prêtes à l'emploi d'assez bonne qualité. Pour une pâte supérieure (contenant plus de beurre), commandez-la la veille à votre boulanger.

CUISINE MINCEUR

Il est quasiment impossible de donner une version allégée de cette recette contenant à elle seule féculents, crème, fromage, pâte... Contentez-vous d'un œuf mollet et d'un morceau de fromage à savourer (sans pain !) avec la salade verte qui accompagne à merveille cette tourte fondante.

CUISINE RAPIDE ET MICRO-ONDES

La cuisson de cette tourte ne peut être convenablement menée dans un four à micro-ondes.

RECOMMANDATIONS

Servez avec ce plat un rosé de Provence ou un côtes-du-rhône blanc.
Utilisez de préférence des pommes de terre de la variété bintje.
Cette tourte est très riche. Elle accompagne toutes les viandes rôties, blanches et rouges, mais peut aussi se présenter en plat unique, accompagnée d'une salade verte bien aillée ou d'une salade de cresson.

Salade tiède de bœuf

pour 6 personnes

- 2 kg de plat de côtes de bœuf
- 750 g de courgettes
- 750 g de pommes de terre
- 1 frisée
- 1 barquette de tomates cerises
- 1 oignon doux, 1 clou de girofle
- 1 gousse d'ail
- gingembre
- 1 bouquet garni
- 15 grains de poivre
- 1 cuil. à s. de gros sel gris, sel, poivre
- huile d'olive, vinaigre de xérès
- 2 cuil. à s. de fines herbes et d'échalotes hachées

Préparation : 25 min

Cuisson : 2 h 30

Prix :

Calories :

Attente : 3 h

Mettez le morceau de plat de côtes à blanchir 5 min dans un faitout rempli d'eau bouillante. Égouttez la viande et jetez l'eau. Remettez la viande dans la cocotte avec l'oignon, piqué du clou de girofle, 4 cm de gingembre pelé, le bouquet garni, la gousse d'ail, les grains de poivre, le gros sel et couvrez d'eau froide. Continuez la cuisson à petits bouillons pendant 2 h 30.

Coupez les extrémités des courgettes et nettoyez-les. Lavez et pelez les pommes de terre, puis lavez les tomates. Faites chauffer séparément, 15 min avant que la viande ne soit cuite, les courgettes et les pommes de terre dans deux casseroles d'eau salée. Les courgettes doivent rester un peu croquantes. Égouttez les légumes et réservez-les dans des saladiers. Lavez, essorez la salade et mettez-la de côté.

Au bout de 2 h 30 de cuisson, retirez la cocotte du feu et laissez refroidir la viande pendant 3 h dans son bouillon. Préparez une vinaigrette avec 5 cuillerées à soupe d'huile, trois de vinaigre, du sel et du poivre du moulin. Désossez et dégraissez le morceau de plat de côtes puis effilochez-le pour obtenir des petits bâtonnets de viande. Arrosez-les avec la moitié de la vinaigrette et mélangez.

Coupez en rondelles les courgettes et les pommes de terre encore tièdes. Ajoutez ces légumes détaillés à la viande ainsi que les tomates cerises, le mélange d'herbes et d'échalotes et le reste de vinaigrette. Mélangez délicatement. Tapissez des assiettes plates de feuilles de frisée. Dressez dessus le mélange viande-légumes, et servez.

tour de main

Préparez le plat de côtes la veille. Gardez-le dans le bouillon toute la nuit, et réchauffez-le au moment de faire cuire les légumes.
Pour accélérer la préparation, vous pouvez vous servir des mélanges d'herbes et d'échalotes surgelés, mais ils n'auront pas la même valeur que les aromates frais.

CUISINE MINCEUR

Pour alléger ce plat, remplacez le plat de côtes, qui est assez gras, par un morceau de macreuse ou de gîte-gîte. En dehors de la viande – et de l'huile d'assaisonnement, bien sûr ! –, les autres ingrédients de ce plat sont plutôt maigres. En effet, les courgettes et les pommes de terre sont cuites à l'eau. Mais vous avez tout intérêt à éliminer les pommes de terre.

CUISINE RAPIDE ET MICRO-ONDES

Pour gagner du temps, cuisez la viande à l'autocuiseur. Procédez comme dans la recette de base : faites blanchir le morceau de plat de côtes 5 min, égouttez-le et jetez l'eau. Déposez de nouveau la pièce dans la cocotte, ajoutez oignon, clou de girofle, ail, gingembre, bouquet garni, poivre en grains et gros sel. Couvrez d'eau froide et fermez l'autocuiseur. Mettez à feu vif en attendant la première rotation de la soupape, puis baissez le feu pour continuer la cuisson à petits bouillons. Hors du feu, laissez tomber la pression avant d'ouvrir.

RECOMMANDATIONS

Servez avec un vin rouge : côtes-du-rhône villages ou beaujolais villages.
Choisissez des pommes de terre fermes qui tiendront bien à la cuisson : belles de Fontenay, rattes (petites et allongées), rosevals (à chair légèrement rose) et violas. Vous pouvez aussi utiliser des pommes de terre nouvelles à la peau fine et à la chair ferme. Mais attention, elles se conservent plus difficilement.

Friands savoyards

pour 4 personnes

- 180 g de beurre
- 100 g de beaufort
- 100 g de jambon cuit
- 50 g de bolets
- 50 g de farine
- 50 cl de lait
- 2 œufs et 2 jaunes
- 2 cuil. à s. de crème fraîche
- 4 tranches de pain de campagne
- sel, poivre, noix muscade

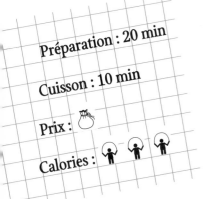

Préparation : 20 min

Cuisson : 10 min

Prix :

Calories :

Préparez une béchamel. Mettez ensemble dans une casserole le lait, 100 g de beurre et la farine tamisée. Salez, poivrez et ajoutez une pointe de noix muscade râpée. Posez la casserole sur feu doux et portez lentement à ébullition sans cesser de mélanger au fouet à main jusqu'à ce que la préparation épaississe.

Lavez les bolets, hachez-les et mettez-les à étuver dans une poêle. Râpez le fromage de Beaufort. Liez la béchamel avec deux jaunes d'œufs, ajoutez la crème fraîche, le beaufort râpé et mélangez vigoureusement. Coupez le jambon en petits dés et incorporez-les au mélange ainsi que les bolets.

Cassez les œufs dans un bol et battez-les à la fourchette. Versez-les dans une assiette et trempez dedans les tranches de pain, d'un côté seulement. Tartinez l'autre face de béchamel et badigeonnez la surface d'œuf battu, à l'aide d'un pinceau.

Faites chauffer les deux tiers du beurre restant dans une poêle, de préférence à revêtement antiadhésif, et disposez dedans les tranches de pain pour les faire frire 5 min de chaque côté. Ajoutez le reste de beurre au moment de les retourner. Servez aussitôt.

tour de main

Si vous préférez une béchamel traditionnelle, faites fondre le beurre dans une casserole à feu modéré, jetez la farine en pluie, puis mouillez avec le lait, sans cesser de battre au fouet à main. Portez à ébullition et laissez cuire quelques minutes. Assaisonnez.
Vous pouvez préparer la béchamel la veille ; dans ce cas, ajoutez du beurre fondu à la surface de la sauce afin d'éviter qu'une peau ne se forme.

CUISINE MINCEUR

Cette recette mélange allègrement les graisses et les sucres : elle n'est pas du tout indiquée dans le cadre d'un régime minceur. Il semble difficile de l'adapter sans la dénaturer.
Faites-vous donc un œuf-cocotte au jambon et aux bolets, délicieux et beaucoup moins énergétique ! Graissez légèrement un ramequin individuel. Versez dans le fond une cuillerée à soupe de fromage blanc à 0 % de matières grasses, salé et poivré. Cassez l'œuf par-dessus, salez-le et poivrez-le également. Ajoutez quelques lamelles de bolet cuit et quelques dés de champignons. Terminez par une cuillerée à soupe de fromage blanc assaisonné et une pincée de gruyère râpé. Mettez dans le four moyen (180 °, thermostat 5) et comptez environ 15 min de cuisson.

CUISINE RAPIDE ET MICRO-ONDES
Préparez la béchamel au four à micro-ondes. Versez le lait dans un saladier et cuisez 2 min à pleine puissance. Faites fondre le beurre 30 s dans un plat moyen ; ajoutez la farine, mélangez et remettez au four à micro-ondes 30 s, toujours à pleine puissance. Ajoutez le lait en battant au fouet, assaisonnez et passez au four quelques minutes jusqu'à ce que le mélange épaississe, en battant plusieurs fois en cours de cuisson.

Salade aux pamplemousses

pour 6 personnes

- 3 pamplemousses roses
- 150 g de fromage blanc battu
- 75 g de crème fleurette
- 30 crevettes roses cuites
- 1 concombre
- 1 batavia
- 1 bouquet de basilic
- sel, poivre

Préparation : 30 min

Prix :

Calories :

32

Préparez les pamplemousses. A l'aide d'un couteau-scie, coupez la base des fruits jusqu'à la pulpe. Pelez-les entièrement en ôtant l'écorce et la première peau, puis débitez-les en quartiers en passant le couteau entre les membranes. Réservez les agrumes ainsi détaillés dans un saladier.

tour de main

Si la salade est très sale, ajoutez à la première eau de rinçage quelques cuillerées de vinaigre d'alcool pour éliminer les petits vers et les pucerons. Le sable tombera au fond de l'évier. Si vous trouvez des crevettes ou des bouquets vivants, prenez-les sans hésiter. Cuisez-les à l'eau bouillante assez salée, quelques minutes seulement après le premier bouillon.

Pelez le concombre à l'aide d'un couteau économe, coupez-le en deux dans le sens de la longueur, retirez les graines du centre, puis émincez-le très finement. Ajoutez les lamelles ainsi obtenues aux pamplemousses. Décortiquez les crevettes roses et ajoutez-les aux précédents ingrédients.

CUISINE MINCEUR

Allégez la salade en l'assaisonnant d'une vinaigrette classique ou citronnée et non d'une sauce à la crème. Utilisez deux cuillerées de jus de citron pour cinq cuillerées d'huile d'olive. Ajoutez le basilic haché, du sel et du poivre. Vous pouvez aussi supprimer la crème fleurette et doubler la quantité de fromage blanc.

Parez la batavia, effeuillez-la et lavez-la à grande eau. Égouttez-la, puis essorez-la. Versez le fromage blanc et la crème fleurette dans un bol. Salez, poivrez et mélangez bien. Lavez, effeuillez, puis hachez le basilic. Ajoutez-le au mélange fromage blanc-crème fleurette.

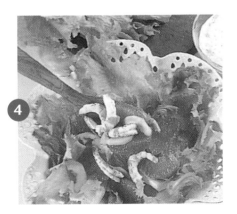

CUISINE RAPIDE ET MICRO-ONDES
Si vous utilisez des crevettes déjà cuites, ce plat ne nécessite aucune cuisson.

RECOMMANDATIONS

Servez avec un vin blanc : vouvray, sancerre, ou muscadet. Les pamplemousses roses et rouges sont parfaits pour la préparation de cette salade. Évitez les jaunes, trop acides. Le concombre doit être ferme, lisse et d'un beau vert foncé. Évitez les crevettes surgelées : elles sont de consistance un peu molle et se décortiquent plus difficilement.

Tapissez le fond et le tour d'un saladier de service avec les feuilles de batavia. Versez les pamplemousses, le concombre et les crevettes sur la salade, nappez de sauce au basilic puis mélangez délicatement.

Artichauts soufflés

pour 4 personnes

les ingrédients

- 5 artichauts
- 70 g de mortadelle
- 70 g de gruyère râpé
- 50 g de beurre
- 2 œufs et 1 jaune
- le jus de 1 citron
- 1/2 gousse d'ail
- 1 brin de persil
- sel, poivre

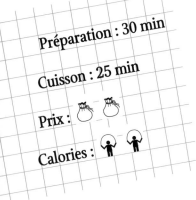

Préparation : 30 min

Cuisson : 25 min

Prix :

Calories :

Coupez la pointe des artichauts. Retirez la queue et les petites feuilles externes, puis évidez la partie centrale de quatre d'entre eux. Mettez ce que vous retirez dans un plat et recouvrez avec la moitié du jus de citron et un peu d'eau. Lavez les cinq artichauts, et plongez-les 10 min dans une terrine d'eau froide, allongée du reste de jus de citron.

Faites chauffer le four à 180 °, thermostat 5. Portez à ébullition une casserole d'eau salée et plongez-y quatre artichauts évidés. Faites-les cuire 10 min, puis égouttez-les, passez-les sous de l'eau froide et posez-les, tête en bas, sur un linge propre. Hachez grossièrement les feuilles les plus tendres de l'artichaut restant. Pelez l'ail, lavez le persil et hachez-les finement. Égouttez soigneusement les débris mis à tremper.

Faites fondre 40 g de beurre dans une poêle. Placez-y le hachis d'ail, de persil et d'artichauts. Ajoutez 5 cl d'eau chaude, couvrez et laissez étuver 10 min à feu doux. Montez deux blancs d'œufs en neige. Faites tiédir la béchamel et ajoutez-y le gruyère râpé et la mortadelle coupée en dés. Laissez tiédir le mélange, puis versez-le dans une terrine. Ajoutez alors les feuilles d'artichauts étuvées, puis les jaunes d'œufs un par un.

Remuez bien, puis incorporez délicatement les blancs d'œufs en neige. Beurrez un plat à gratin et disposez-y les artichauts évidés, en écartant leurs feuilles au maximum. Répartissez la farce entre les quatre artichauts, déposez une noisette de beurre sur chacun d'eux, puis glissez le plat au four et faites cuire 25 min. Servez dès la sortie du four.

tour de main

Pour faire la béchamel, chauffez 2 dl de lait, laissez fondre 40 g de beurre, puis jetez-y 30 g de farine en pluie. Mélangez, puis ajoutez le lait bouillant, sans cesser de remuer. Continuez à tourner la préparation sur feu doux jusqu'à ce qu'elle nappe la cuillère. Salez et poivrez.

CUISINE MINCEUR

Beaucoup d'éléments indésirables viennent alourdir ces artichauts – en eux-mêmes parfaitement diététiques. Pour alléger cette recette, remplacez la mortadelle par des morceaux de jambon de Parme ou de Bayonne dégraissés. Utilisez un gruyère allégé ou 40 g de parmesan, plus fort en goût. Faites revenir le hachis dans une poêle à revêtement antiadhésif en utilisant très peu de corps gras.

Servez ces soufflés en plat principal.

CUISINE RAPIDE ET MICRO-ONDES

Faites cuire les artichauts évidés au four à micro-ondes. Placez-les avec 25 cl d'eau salée dans un plat. Couvrez et faites chauffer 8 min à puissance maximale. Laissez reposer 5 min.

Préparez le hachis et faites chauffer le beurre dans un plat brunisseur pendant 20 s. Ajoutez le hachis et 5 cl d'eau, puis faites cuire 4 min à puissance maximale. Laissez reposer 2 min.

Faites tiédir la béchamel en chauffant 1 min 30, à puissance maximale. Pour la cuisson finale, préférez le four traditionnel.

RECOMMANDATIONS

Accompagnez d'un vin blanc souple et léger, un vin de Savoie ou un fendant suisse, par exemple. Ces artichauts soufflés, très nourrissants, peuvent constituer une entrée roborative ou un plat principal si vos convives ont un petit appétit.

Choisissez des artichauts moyens, pas trop coriaces. Pensez, en les évidant, à éliminer le foin.

ENTRÉES

Salade de betteraves aux noix

pour 4 personnes

- 3 betteraves cuites
- 24 cerneaux de noix
- 1 pomme
- 1 citron
- 1 échalote
- 1 gousse d'ail
- 2 cuil. à s. d'huile de noisette
- 3 brins de cerfeuil
- sel, poivre

Préparation : 40 min

Prix :

Calories :

Attente : 10 min

Les ingrédients

36

Lavez les betteraves sous l'eau courante, coupez le pédoncule et pelez-les délicatement. Placez une râpe à gros trous au-dessus d'un saladier et râpez les betteraves sans les écraser. Lavez soigneusement l'ustensile.

tour de main

Pour peler et râper les betteraves, il est préférable de porter des gants afin de ne pas se rougir les mains. Si vous ne possédez pas de mortier, disposez les cerneaux de noix au centre d'un linge, rassemblez les pointes, tenez le tissu fermé, et concassez les noix à l'aide d'un rouleau à pâtisserie. Vérifiez l'assaisonnement de la salade : s'il est trop doux, vous pouvez ajouter à la sauce une cuillerée à soupe de jus de citron.

Pelez la pomme, partagez-la en quartiers, ôtez-en le cœur et les pépins, puis râpez-la au-dessus du saladier. Mélangez bien le fruit aux betteraves. Placez les cerneaux de noix dans un mortier et pilez-les grossièrement, sans toutefois les réduire en purée. Épluchez l'échalote et émincez-la.

CUISINE MINCEUR

Cette salade allie sucre et huile, ce qui est déconseillé en cas de régime. Réalisez une sauce sans matières grasses avec une cuillerée à soupe de jus de citron, une cuillerée à soupe de vinaigre balsamique, deux cuillerées à soupe de fromage blanc maigre et une petite poignée de fines herbes fraîches hachées telles que cerfeuil et coriandre. Les noix étant des fruits oléagineux, utilisez-les avec parcimonie ou bien supprimez-les.

Pressez le citron. Pelez la gousse d'ail, écrasez-la à l'aide d'un presse-ail, placez-la dans un bol et arrosez-la d'une bonne cuillerée à soupe de jus de citron. Ajoutez-y une pincée de sel, du poivre, mélangez délicatement, puis incorporez l'huile de noisette en battant sans arrêt à la fourchette.

CUISINE RAPIDE ET MICRO-ONDES
Cette recette ne nécessite aucune cuisson.

RECOMMANDATIONS
Servez un vin blanc d'Alsace assez corsé, comme un sylvaner.
Choisissez une pomme dont l'acidité contrastera avec la douceur de la betterave rouge : canada par exemple.
Prenez de préférence des échalotes grises, plus goûteuses que les roses, mais moins courantes sur les marchés.

Versez cette sauce sur le mélange betteraves-pomme et ajoutez l'échalote émincée et les noix concassées. Laissez reposer 10 min. Pendant ce temps, lavez le cerfeuil, égouttez et ciselez-le. Saupoudrez-en la salade et mélangez juste avant de servir.

Potages

POTAGES

Crème andalouse

pour 6 personnes

Préparation : 15 min

Cuisson : 25 min

Prix :

Calories :

Attente : 15 min

- 400 g de pommes de terre
- 400 g de courgettes
- 400 g de tomates pelées au jus
- 50 g de beurre
- 50 g de crème fraîche
- 50 g de riz
- 50 cl de bouillon
- 1 oignon
- sel, piment de Cayenne

Pelez les pommes de terre. Lavez-les ainsi que les courgettes, essuyez-les et coupez le tout en dés. Pelez l'oignon et émincez-le. Faites fondre le beurre dans une grande casserole et faites revenir dedans l'oignon émincé. Ajoutez-y tous les légumes et laissez-les dorer quelques instants.

Versez le bouillon dessus, mélangez, goûtez et rectifiez l'assaisonnement en sel si nécessaire. Ajoutez une bonne pincée de piment de Cayenne. Portez à ébullition et laissez mijoter sur feu moyen pendant 20 min environ, jusqu'à ce que les pommes de terre soient bien cuites. Pendant ce temps, faites cuire le riz en le plongeant 20 min dans l'eau bouillante salée.

Laissez refroidir le potage, puis passez les légumes et leur jus à la moulinette ou au mixeur. Dans ce dernier cas, filtrez le mélange pour éliminer les plus gros morceaux : la consistance de la préparation doit être crémeuse.

Remettez le velouté ainsi obtenu sur le feu, ajoutez la crème fraîche et le riz, mélangez bien. Versez le potage bien chaud dans une soupière ou dans des assiettes creuses individuelles, et portez-le à table.

tour de main

Laissez les légumes blondir avant de les mouiller avec le bouillon : légèrement dorés, ils apporteront un petit goût indispensable à cette crème andalouse.
Choisissez de préférence un bouillon de volaille bien relevé. Vous pouvez le corser en y ajoutant un peu de sauce Worcester et une pointe de piment de Cayenne.

CUISINE MINCEUR

Du beurre, de la crème, des pommes de terre et du riz, voilà un mélange de lipides et de glucides tout à fait déconseillé. Hélas, si vous supprimez l'un ou l'autre de ces ingrédients, la recette en sera faussée.

Vous pouvez cependant réduire la quantité de beurre (utilisez une casserole à revêtement antiadhésif) et choisir de la crème fraîche allégée. Augmentez la proportion de courgettes (500 g) et réduisez celle de pommes de terre (300 g). Utilisez du riz complet, riche en fibres et en vitamines, et dont les glucides seront moins rapidement assimilés que ceux du riz blanc.

CUISINE RAPIDE ET MICRO-ONDES

Faites blondir les oignons et les légumes, puis versez-les avec le bouillon et le sel dans un récipient en verre. Faites chauffer le mélange à puissance maximale 8 min, en remuant trois fois.
Après avoir passé les légumes à la moulinette, versez le velouté obtenu dans le récipient avec la crème fraîche et le riz cuit, et faites chauffer 2 min à puissance maximale.

RECOMMANDATIONS

En général, on ne boit guère de vin avec le potage, ce dernier apportant suffisamment de liquide pour désaltérer les convives.

Fèves à la nage

pour 6 personnes

- 2 kg de fèves fraîches
- 500 g de petits pois
- 150 g de broccio (fromage de brebis corse)
- 1 bol de coquillettes
- 4 oignons frais
- 4 gousses d'ail
- 1 cuil. à s. d'huile d'olive
- gros sel

Les ingrédients

Préparation : 10 min

Cuisson : 30 min

Prix :

Calories :

Écossez et dérobez les fèves. Pelez puis coupez les oignons en rondelles assez épaisses. Écossez les petits pois.

Pelez les gousses d'ail, supprimez leur germe central et écrasez-les du plat du couteau. Faites bouillir 3 l d'eau salée dans un faitout.

Lorsque l'eau bout, jetez-y les fèves et les petits pois écossés, l'ail écrasé et l'huile d'olive. Faites cuire les légumes à petits bouillons pendant 15 min.

Pendant ce temps, coupez le broccio en fines lamelles. Lorsque les légumes ont cuit 15 min, jetez le fromage et les coquillettes dans le bouillon. Laissez cuire encore 15 min. Servez sans attendre.

tour de main

Dérober une fève consiste à enlever la pellicule blanche qui la recouvre. Ne conservez pas les petits pois dans leurs gousses plus de 24 h. En revanche, écossés et noyés dans du beurre fondu, ils peuvent se garder pendant plusieurs jours au réfrigérateur.

CUISINE MINCEUR

La fève est une variété de haricots particulièrement riche en protides. Elle est très nourrissante.

Les petits pois renferment du phosphore et du potassium, les fèves des vitamines et le broccio du calcium : un bol de bienfaits !

Les petits pois contiennent moins de 90 kcal pour 100 g ; les fèves fraîches, 60 kcal pour 100 g. Le broccio est nettement plus calorique – 200 kcal frais et 350 kcal sec.

Dans le cadre d'un régime, évitez d'ajouter les pâtes dans le potage et diminuez de moitié la quantité de broccio.

CUISINE RAPIDE ET MICRO-ONDES

Versez la préparation du potage dans un plat en céramique rond allant au four à micro-ondes, faites bouillir l'eau, ajoutez les légumes et faites chauffer le tout 10 min à puissance maximale. Ajoutez le fromage et les pâtes, couvrez et remettez le potage à cuire 10 min, à même puissance.

RECOMMANDATIONS

Avec cette soupe typiquement corse, servez un vin de la région de Sartène ou de Bastia : un patrimonio, au goût prononcé de terroir.

Les gousses de petits pois doivent être lisses et d'un vert brillant, et les pois ne doivent pas être trop gros, sinon ils sont farineux.

Soupe maigre à la coriandre

pour 4 personnes

- 1,5 kg de congre
- 1 kg de gros oignons blancs
- 200 g de couenne de porc
- 1 tête d'ail
- 1 bouquet de coriandre fraîche
- 1 branche de romarin
- gros sel de mer

Préparation : 20 min

Cuisson : 40 min

Prix :

Calories :

Enlevez la peau des oignons et coupez-les en quatre quartiers. Dégagez les gousses d'ail de leur enveloppe, fendez-les en deux et enlevez le germe vert central si nécessaire. Débitez l'ail en rondelles assez épaisses. Tranchez le congre en tronçons de 1 cm ; enlevez toutes les épines dorsales.

Mettez dans un grand faitout le morceau de couenne de porc, les oignons et l'ail coupés, ajoutez un peu d'eau, couvrez et faites suer pendant 10 min sur feu doux. Ajoutez dans le faitout les morceaux de poisson, la branche de romarin et quelques feuilles de coriandre.

Mouillez avec 2 l d'eau et portez à ébullition. Salez au gros sel. Couvrez et laissez frémir pendant 30 min. Sortez le poisson avec une écumoire, puis la couenne et le romarin.

Dépouillez les tronçons de congre et ôtez l'arête centrale. Remettez la chair du poisson dans le bouillon. Juste avant de servir, ajoutez les feuilles de coriandre fraîche, lavées et équeutées, portez à ébullition et sortez la soupe du feu. Servez très chaud dans une soupière décorative.

tour de main

Vous pouvez ajouter quelques croûtons de pain rassis et légèrement grillés, voire passés à l'ail, pour donner plus de consistance à ce potage.
La chair du congre, même cuite, présente l'avantage certain de rester ferme et de ne pas se déliter dans le consommé.

CUISINE MINCEUR

Dans le cadre d'un régime sévère, vous pouvez sacrifier le morceau de couenne de porc, mais il donne au bouillon un moelleux appréciable, tout en n'apportant que peu de calories à ce potage fort maigre.

CUISINE RAPIDE ET MICRO-ONDES

Préférez ici l'autocuiseur au four à micro-ondes pour gagner du temps.
Préparez le fond de soupe dans un autocuiseur et faites-le réduire à couvert, sans utiliser la fonction vapeur de la cocotte. Puis ajoutez le congre, les herbes et l'eau, fermez hermétiquement le couvercle et comptez 20 min de cuisson à partir de la reprise du chuchotement de la vapeur.

RECOMMANDATIONS

Le potage étant un apport de liquide, il n'est pas utile de l'accompagner de boisson. Si vous souhaitez néanmoins présenter un vin, choisissez un bergerac ou un pouilly-fumé. Le congre est un poisson commun de Méditerranée, d'Atlantique et de Manche. Il est en vente et de qualité constante toute l'année ; n'hésitez pas à en acheter un tronçon important, et plutôt du côté de la tête, où il y a nettement moins d'arêtes que vers la queue.

Lingots à la nage au cresson

pour 4 personnes

- 300 g de lingots (haricots blancs secs)
- 1 botte de cresson
- 1 morceau de couenne de porc (20 cm x 10 cm)
- 150 g de poitrine fumée
- 80 g de beurre
- 1 carotte
- 1 oignon
- 3 gousses d'ail
- 2 clous de girofle
- sel, poivre

les ingrédients

Préparation : 10 min

Cuisson : 2 h 30

Prix :

Calories :

Attente : 2 h

Disposez les lingots dans un saladier avec 3 l d'eau froide et laissez-les tremper pendant 2 h. Égouttez-les et jetez l'eau de trempage. Placez-les dans une grande casserole, recouvrez-les d'eau froide et portez doucement à ébullition. Écumez.

Grattez la carotte et émincez-la en julienne. Pelez l'oignon et piquez-le avec les deux clous de girofle. Ajoutez dans l'eau de cuisson des haricots l'oignon, la julienne de carotte, les gousses d'ail non épluchées et le morceau de couenne de porc roulé sur lui-même, couvrez et laissez cuire 2 h à feu très doux. Hachez finement la poitrine fumée.

Triez les feuilles de cresson, lavez-les et jetez les plus grosses queues. Faites blanchir les feuilles 3 min dans de l'eau bouillante. Égouttez-les et ciselez les feuilles avec des ciseaux. Faites-les étuver 2 min dans une sauteuse avec 20 g de beurre. Ajoutez la poitrine fumée hachée, couvrez et laissez réduire 10 min. Égouttez les haricots blancs, puis réservez-les ; ajoutez au cresson les carottes, l'ail dégagé de sa peau et le morceau de couenne.

Passez le mélange au cresson au mixeur et incorporez aussitôt le beurre en très petites parcelles. Versez la purée dans une casserole et allongez-la d'eau froide jusqu'à obtention d'un potage liquide. Mettez-le sur feu doux. Quand le liquide commence à frémir, ajoutez-y les lingots, couvrez et laissez cuire 15 min à petits bouillons. Salez et poivrez avant de servir.

tour de main

Pour cette préparation, il est préférable d'utiliser des lingots secs, à faire tremper, plutôt que des haricots blancs en conserve, qui risquent de se défaire complètement à la cuisson. Les haricots blancs doivent commencer à cuire sur feu très doux. Surveillez bien cette étape.

CUISINE MINCEUR

Les haricots blancs sont très riches en protéines (plus que la viande), mais ont une assez mauvaise réputation sur le plan diététique, car ils sont souvent associés à des plats traditionnels très riches. Pourtant, cuisinés sans adjonction de matières grasses, ils offrent un réel intérêt par leur richesse en sels minéraux et en vitamines.
Ce plat apporte environ 350 kcal par portion. Servez-vous modérément.

CUISINE RAPIDE ET MICRO-ONDES

Pour gagner du temps, utilisez un auto-cuiseur plutôt que le four à micro-ondes. Mettez les lingots après trempage dans le panier de l'autocuiseur, ajoutez un fond d'eau et comptez 1 h 15 de cuisson après le premier chuchotement de la vapeur. Pensez à baisser le feu dès la reprise de la vapeur.

RECOMMANDATIONS

Servez avec ce plat copieux un vin rouge puissant, un madiran du Sud-Ouest ou un patrimonio de Corse.
Le cresson est le nom générique donné à des plantes de cultures différentes. Le plus connu, le cresson de fontaine, pousse directement dans l'eau ; disponible du milieu du printemps au milieu de l'automne, il donne des rameaux tendres et juteux avec de petites feuilles au goût moutardé.

POTAGES

Consommé de légumes aux œufs

pour 4 personnes

- 4 jaunes d'œufs
- 20 g de beurre
- 1 carotte
- 1 navet
- 2 poireaux
- 2 oignons
- 1 côte de céleri
- 1 feuille de laurier
- 1 brin de thym
- 1 brin de persil
- sel, poivre

Préparation : 10 min

Cuisson : 2 h 30

Prix :

Calories :

Attente : 1 h

Parez et pelez la carotte et le navet. Coupez les racines et la partie foncée des poireaux. Pelez l'oignon. Parez la côte de céleri. Lavez ces légumes et taillez-les en julienne. Rincez les herbes et liez-les avec du fil de cuisine. Mettez les dés de légumes et les herbes dans une casserole, couvrez-les avec 1 l d'eau froide salée et poivrée, portez à ébullition et laissez cuire 35 min.

Battez les jaunes d'œufs dans un bol avec trois cuillerées à soupe d'eau de cuisson des légumes. Salez légèrement ce mélange et mettez-le de côté.

Lorsque les légumes sont cuits, passez-les au moulin à légumes, grille fine, avec leur eau de cuisson. Reversez la crème obtenue dans la casserole, et portez de nouveau à ébullition, en remuant souvent.

Éteignez le feu et versez les œufs battus dans le consommé, en mélangeant vivement. Incorporez aussitôt le beurre coupé en morceaux. Couvrez la casserole et laissez reposer le potage 1 min. Versez-le ensuite dans une soupière ou dans des assiettes individuelles et servez sans attendre.

tour de main

Les poireaux contiennent souvent beaucoup de terre. Pour être sûr de l'éliminer, fendez les poireaux dans le sens de la hauteur jusqu'à 5 cm des racines et agitez-les têtes en bas dans une bassine d'eau froide.
Pour réaliser une julienne, coupez simplement les légumes en dés. Peu importe qu'ils soient irréguliers, ils seront passés au moulin à légumes.

CUISINE MINCEUR

Ce potage est parfaitement adapté à un menu de régime. Supprimez simplement le beurre, ou remplacez-le par un filet d'huile d'olive crue.
Si vous utilisez des légumes frais et des œufs de qualité fermière, ce consommé est un trésor de vitamines.

CUISINE RAPIDE ET MICRO-ONDES

Placez les légumes dans un plat creux en verre, couvrez-les avec 1 l d'eau, salez, poivrez, placez le plat dans le four et faites chauffer 22 min à puissance maximale. Passez au moulin à légumes, reversez le consommé dans le plat, faites chauffer 2 min à puissance maximale, puis terminez comme il est indiqué dans la recette de base.
Pour gagner du temps, vous pouvez également faire cuire les légumes dans un autocuiseur. Réduisez le temps de cuisson de moitié.

RECOMMANDATIONS

La soupe apportant beaucoup de liquide, il n'est pas utile de l'accompagner d'une boisson. Faites-la suivre de préférence d'un vin rouge.
Pour profiter pleinement des qualités diététiques et gustatives de ce potage, réalisez-le avec des légumes frais.
Ce potage comportant une quantité importante de jaunes d'œufs, préférez, dans la mesure du possible, des œufs fermiers, de poules « élevées en liberté ».

Plats uniques

Jambon gratiné

pour 4 personnes

- 8 tranches assez épaisses de jambon à l'os (1 kg environ)
- 1 kg d'épinards frais
- 150 g de fromage râpé
- 100 g de crème fraîche
- 50 g de farine
- 30 g de beurre
- 1 verre de porto
- sel, poivre

Préparation : 20 min

Cuisson : 35 min

Prix :

Calories :

Mettez les tranches de jambon dans un plat creux et arrosez-les de porto ; retournez-les afin que le vin imprègne bien la viande. Réservez à couvert, au frais. Triez et lavez soigneusement les épinards dans plusieurs eaux. Équeutez les plus grosses feuilles.

Faites bouillir un grand faitout d'eau salée. Plongez-y les épinards en comptant 5 min de cuisson dès la reprise de l'ébullition. Égouttez-les soigneusement en les pressant avec une soucoupe au fond de la passoire. Il faut éliminer l'eau le plus possible. Mettez dans une casserole une noix de beurre, faites-le fondre doucement et jetez dedans la farine en pluie.

Tournez doucement avec une cuillère en bois jusqu'à ce que le roux se colore, puis versez peu à peu dessus le porto dans lequel a mariné le jambon. Laissez cuire 3 min, ajoutez la crème fraîche et le poivre et faites mijoter 5 min. Dans une sauteuse, faites fondre le beurre restant, jetez-y les épinards et faites-les revenir à feu vif pendant 3 ou 4 min pour bien les sécher.

Ajoutez aux épinards la sauce au porto et laissez frémir 10 min à feu doux, en remuant de temps à autre. Disposez dans le fond d'un plat à gratin beurré un lit d'épinards, posez par-dessus les tranches de jambon roulées sur elles-mêmes, puis recouvrez d'épinards. Saupoudrez de fromage râpé et passez le plat sous le gril quelques minutes, le temps que la surface gratine. Servez chaud.

tour de main

L'idéal est d'employer des épinards frais. Si vous n'en trouvez pas, vous pouvez, à défaut, utiliser des épinards en branches surgelés. Décongelez-les selon les instructions portées sur le paquet, égouttez-les bien, et accommodez-les selon la recette à partir du troisième paragraphe. Évitez les épinards hachés, qui ne se tiendraient pas suffisamment dans le four.
Il est important de bien égoutter les épinards afin qu'ils ne rendent pas d'eau lors de la cuisson sous le gril. Ce jus nuirait à la présentation et à la consistance du plat.

CUISINE MINCEUR

Le jambon est une viande maigre (2 à 4 % de matières grasses, si vous ôtez soigneusement le gras autour). Il représente quand même plus de 250 kcal pour 100 g.
Remplacez la sauce d'accompagnement des épinards par du fromage blanc à 0 % de matières grasses, mélangé avec trois jaunes d'œufs et une cuillerée à soupe de moutarde à l'ancienne. N'y incorporez que la moitié du porto de la marinade.

CUISINE RAPIDE ET MICRO-ONDES

Pour abréger le temps de préparation, utilisez plutôt l'autocuiseur. Mettez les épinards dans le panier de l'autocuiseur avec un peu d'eau salée et vinaigrée au fond, et comptez 2 min de cuisson à partir de la reprise du chuchotement de la vapeur. Laissez l'autocuiseur refroidir hors du feu, sans évacuer la vapeur.

RECOMMANDATIONS

Servez un chablis « premier cru », un blanc sec avec une pointe de nervosité, très puissant.
Évitez les jambons traités aux polyphosphates. Un jambon « au torchon » est parfait. Il se reconnaît à sa chair à peine rosée, parfois même grisâtre, gage de qualité.
Les jambons braisés artisanalement conviennent bien, à condition d'être d'excellente qualité.

Gnocchis de semoule au gratin

pour 4 personnes

- 75 cl de lait
- 200 g de semoule
- 2 jaunes d'œufs
- 80 g de beurre
- parmesan râpé
- zeste de citron râpé
- sel, poivre

POUR LA SAUCE :
- 300 g de steak haché
- 150 g de chair à saucisse
- 150 g de champignons
- 1 oignon
- 1 côte de céleri
- 1 carotte
- 50 g de beurre
- parmesan râpé
- huile
- 2 cuil. à s. de sauce tomate
- vin rouge
- sel, poivre

Préparation : 45 min

Cuisson : 20 min

Prix :

Calories :

Préparez les gnocchis : versez le lait dans une casserole et salez-le légèrement. Portez-le à ébullition et jetez-y la semoule en pluie, en remuant vivement à la cuillère en bois pour éviter la formation de grumeaux. Poursuivez la cuisson une bonne dizaine de minutes, sans cesser de remuer pour détacher la préparation du fond et des parois de la casserole.

Hors du feu, ajoutez 30 g de beurre, un peu de zeste de citron râpé, les jaunes d'œufs et le parmesan râpé. Poivrez, puis versez la préparation sur un plan de travail humidifié et étalez-la, à l'aide d'une lame de couteau également humide, sur une épaisseur de 1 cm. Laissez refroidir. Lavez, pelez et hachez les légumes, sauf les champignons. Faites-les revenir avec 20 g de beurre, deux cuillerées à soupe d'huile et la chair à saucisse.

Au bout de 15 min, ajoutez le steak haché et mélangez. Laissez cuire doucement en mouillant peu à peu avec deux cuillerées à soupe de vin rouge. Lavez et parez les champignons, puis coupez-les en lamelles. Versez la sauce tomate dans la préparation, puis les lamelles de champignons. Prolongez la cuisson 10 min. Goûtez et rectifiez l'assaisonnement si nécessaire. Faites chauffer le four à 220 °, thermostat 7.

Coupez la semoule refroidie en dés et disposez-en une couche dans un plat à gratin beurré. Recouvrez d'une épaisseur de sauce et saupoudrez de parmesan râpé. Procédez ainsi jusqu'à épuisement des ingrédients, en terminant par une couche de gnocchis recouverts de coquilles de beurre et saupoudrés de parmesan. Glissez le plat dans le four et faites gratiner 20 min.

tour de main

Ne cessez pas de remuez la semoule chaude tandis que vous incorporez les divers ingrédients ; ajoutez les jaunes d'œufs un par un, et attendez que le premier soit parfaitement amalgamé pour ajouter le second. La semoule s'étale en principe sur un marbre de cuisine, ce que tout le monde n'a pas chez soi. Versez-la sur une surface parfaitement lisse et propre, ne craignant pas la chaleur. Prenez soin de l'humidifier avec un linge propre ou du papier absorbant.

CUISINE MINCEUR

Les gnocchis constituent déjà, à la base, un mélange de lipides et de glucides que votre organisme s'empressera de stocker dans ses « capitons ». Il est difficile d'adapter la recette, mais vous pouvez l'alléger un peu en choisissant du lait écrémé et en réduisant la quantité de beurre (ou en le supprimant). Remplacez les deux tiers de la chair à saucisse par du veau haché. Préparez la sauce dans un récipient à revêtement anti-adhésif pour réduire les matières grasses. Vous parviendrez ainsi à des portions comptant environ 350 à 400 kcal. Servez donc les gnocchis en plat principal, voire unique.

CUISINE RAPIDE ET MICRO-ONDES

La semoule doit être constamment remuée, et ne peut donc cuire dans le four à micro-ondes. Quant au gratin, il nécessite la chaleur forte du four traditionnel.

RECOMMANDATIONS

Présentez avec ce savoureux gratin un vin rouge italien (qui peut être celui que vous avez utilisé dans la recette) tel qu'un chianti. Cette recette se sert en plat principal avec une salade croquante (romaine, frisée, scarole) bien assaisonnée. Vous pouvez, si vous n'aimez pas le parmesan ou que vous ne parvenez pas à vous en procurer, le remplacer par un beaufort ou un comté, fruités sans être piquants.

Navarin d'agneau de printemps

pour 6 personnes

- 1,5 kg de petits pois à écosser
- 1,2 kg d'agneau en morceaux
- 500 g de carottes nouvelles
- 300 g de navets nouveaux
- 1 botte d'oignons nouveaux
- 1 bol de bouillon de volaille
- 60 g de beurre
- concentré de tomates
- 1 cuil. à s. de farine
- 1 bouquet garni
- sel, poivre

Préparation : 20 min

Cuisson : 1 h 30

Prix :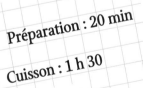

Calories :

Salez et poivrez la viande. Pelez les oignons en les laissant entiers. Épluchez les carottes et les navets, coupez-les en morceaux. Écossez les petits pois. Dans une cocotte en fonte, faites dorer les oignons dans le beurre grésillant.

Placez dans la cocotte les morceaux de viande et faites-les revenir sur toutes leurs faces. Éventuellement, procédez en plusieurs fois. Saupoudrez avec la farine et laissez-la roussir quelques secondes, tout en remuant les morceaux. Mouillez avec le bouillon, délayez une cuillerée à soupe de concentré de tomates dans deux cuillerées d'eau et versez ce mélange dans la préparation. Ajoutez le bouquet garni.

Salez, poivrez, puis remuez avec une cuillère en bois pour que les morceaux de viande soient bien enrobés du liquide de cuisson. Couvrez la cocotte et laissez mijoter à feu doux pendant environ 45 min. Goûtez la sauce et rectifiez l'assaisonnement en sel et en poivre si nécessaire.

Ajoutez les carottes, les navets et les petits pois, couvrez de nouveau et prolongez la cuisson de 45 min à feu doux. Au bout de 35 min goûtez et rectifiez l'assaisonnement si nécessaire et terminez la cuisson. Servez bien chaud.

tour de main

Le navarin est une variante légère du traditionnel ragoût ou haricot de mouton. Essayez de remplacer les légumes par des flageolets verts ou des cocos qui sont des petits haricots blancs et ronds. Faites-les cuire à l'eau en ajoutant éventuellement une tomate. Versez les haricots au dernier moment.
Pour obtenir une sauce crémeuse, placez dans la cocotte une pomme de terre que vous écraserez à mi-cuisson : elle donnera du liant.

CUISINE MINCEUR

Prenez le soin de bien dégraisser les morceaux d'agneau à la main ou avec un couteau aiguisé avant de les faire dorer dans la cocotte. Le plat n'en sera que plus digeste. L'absence de pommes de terre ou de flageolets rend ce plat plutôt léger, à condition de ne pas se servir trop copieusement en sauce.

CUISINE RAPIDE ET MICRO-ONDES

Le navarin est un plat mijoté. Le four à micro-ondes ne peut remplacer la cuisson traditionnelle en cocotte.
Cependant, il est possible d'accélérer la cuisson de la viande en utilisant une Cocotte-Minute. Faites revenir au beurre les morceaux dans l'autocuiseur, ajoutez la farine, le bouillon, le sel, le poivre et le bouquet garni, fermez la cocotte et faites cuire 10 min à partir du moment où la soupape chuchote. Ouvrez alors la cocotte, ajoutez les légumes, refermez et cuisez 20 min supplémentaires.

RECOMMANDATIONS

Servez un fleurie, un mercurey ou un saint-émilion.
Les meilleurs morceaux pour le navarin sont le collier, la poitrine ou le haut de côtes. Un mélange des trois renforce la saveur du plat. A défaut de légumes nouveaux, les navets et les carottes de l'année conviennent également. Utilisez des petits pois surgelés, plus croquants que ceux en conserve.

Merlu aux légumes

pour 4 personnes

- 600 g de filets de merlu
- 2 tomates
- 2 poivrons jaunes
- 1 petit oignon
- 1 gousse d'ail
- 3 cuil. à s. d'huile
- 1 cuil. à s. rase de farine
- 1 bouquet de persil
- 1 pincée de safran
- sel, poivre

Préparation : 15 min

Cuisson : 40 min

Prix :

Calories :

Lavez les légumes, puis coupez les poivrons en lamelles et les tomates en dés. Pelez l'oignon et émincez-le, pelez et hachez l'ail. Rincez et essuyez les filets de merlu, puis farinez-les.

Faites chauffer l'huile dans une poêle et faites-y dorer les filets de merlu des deux côtés, sur feu moyen. Salez et poivrez, égouttez-les et réservez-les.

Saisissez les légumes, sauf l'ail, dans la même huile, sur feu assez vif, salez-les, puis couvrez le récipient, baissez le feu et laissez doucement mijoter 30 min. A mi-cuisson, ajoutez le safran et arrosez d'un demi-verre d'eau.

Lorsque les légumes sont cuits, joignez-y les filets de poisson et l'ail. Laissez chauffer quelques minutes, puis transvasez dans un plat de service. Parsemez de persil haché et servez sans attendre.

tour de main

A moins d'utiliser de petites olivettes, fermes et peu juteuses, il est préférable de peler et d'épépiner les tomates. Plongez-les 1 min dans l'eau bouillante, puis passez-les sous l'eau froide : elles se pèlent alors sans difficulté.
Vous pouvez également peler les poivrons : piquez-les au bout d'une fourchette, puis passez-les au-dessus d'une flamme, jusqu'à ce que leur peau noircisse et se boursoufle. Elle se retire alors très facilement.

CUISINE MINCEUR
Cette recette serait parfaite dans le cadre d'un régime s'il n'y avait la farine. Il est difficile de la supprimer car la chair du poisson risque d'attacher à la poêle et de se défaire. Préparez les légumes comme il est indiqué dans la recette, et faites cuire les filets 8 min à la vapeur, juste avant de les ajouter dans la poêle.

CUISINE RAPIDE ET MICRO-ONDES
Vous pouvez utiliser le four à micro-ondes pour faire cuire les légumes. Saisissez-les d'abord à la poêle, puis transvasez-les dans un plat creux. Couvrez et faites chauffer 5 min à puissance maximale. Ajoutez l'eau et le safran et poursuivez la cuisson 5 min à la même puissance. Joignez les filets de poisson et l'ail et faites chauffer 2 min, toujours à puissance maximale.

RECOMMANDATIONS
Servez avec cette recette estivale un vin blanc assez fruité, un pouilly-fuissé par exemple.
Le merlu ou colin est un poisson à chair maigre, qui ne comporte pas beaucoup d'arêtes. Sa saveur peu marquée nécessite une sauce ou un accompagnement assez relevés. Vous pouvez utiliser des poivrons jaunes, orange ou rouges, mais évitez les poivrons verts, qui ne sont pas assez doux pour cette recette.

Hachis parmentier

pour 6 personnes

- 1 kg de pommes de terre
- 400 g environ de restes de pot-au-feu
- 150 g de chair à saucisse
- 100 g de beurre
- 25 cl de lait
- 2 oignons
- 1 gousse d'ail
- 1 branche de persil
- gruyère râpé
- sel et poivre

Préparation : 20 min

Cuisson : 45 min

Prix :

Calories :

Pelez, puis lavez les pommes de terre. Faites-les cuire 20 min dans de l'eau bouillante salée. Pendant ce temps, hachez grossièrement la viande de pot-au-feu, épluchez les oignons et hachez-les ainsi que la branche de persil, pelez et écrasez la gousse d'ail.

Faites blondir les oignons dans une sauteuse contenant 40 g de beurre. Ajoutez la chair à saucisse et mélangez bien. Ajoutez ensuite le bœuf cuit, la gousse d'ail et faites rissoler. Laissez cuire environ 8 min à feu doux. Saupoudrez de persil haché.

Faites chauffer le lait. Égouttez les pommes de terre, écrasez-les au presse-purée et délayez avec le lait chaud. La purée doit être épaisse. Ajoutez 50 g de beurre et la moitié du gruyère râpé. Poivrez généreusement.

Graissez un plat allant au four avec le beurre restant, garnissez le fond de purée, répartissez une couche de viande et recouvrez d'une couche de purée. Saupoudrez du gruyère restant. Enfournez 10 min sous le gril tout juste allumé et servez bien chaud.

tour de main

Le hachis parmentier est un plat idéal pour utiliser les restes de viandes cuites. Toutes conviennent : bœuf, porc, veau, volailles. La meilleure garniture est généralement composée d'un mélange, rendu plus moelleux grâce à la chair à saucisse et un peu de mie de pain trempée dans du lait.

CUISINE MINCEUR

La purée n'est pas diététique : non pas à cause des pommes de terre, peu caloriques en elles-mêmes, mais à cause du beurre qu'il est nécessaire d'ajouter pour obtenir une purée fine. Aussi, ne vous servez qu'une fois et rabattez-vous sur une salade verte !

Variante : remplacez la purée de pommes de terre par une purée de céleri, réduisez la quantité de beurre et utilisez du lait écrémé en faible quantité pour que la préparation ne soit pas trop liquide. Garnissez avec des viandes maigres, en évitant la chair à saucisse.

CUISINE RAPIDE ET MICRO-ONDES

Vous pouvez cuire les pommes de terre au four à micro-ondes : pour 450 g de pommes de terre pelées et coupées en morceaux égaux, placées dans trois cuillerées à soupe d'eau dans un récipient allant au four, comptez 6 ou 7 min de cuisson à puissance maximale.

La Cocotte-Minute permet de cuire les pommes de terre rapidement et en une seule fois : comptez 10 à 12 min à partir du moment où la soupape chuchote.

RECOMMANDATIONS
Servez un vin d'Anjou rouge (un domaine-des-bergères ou un château-des-bouillons). Utilisez des pommes de terre de grosse taille à chair farineuse comme les bintjes. Une bonne purée contient beaucoup de beurre : incorporez-le bien froid et ne lésinez pas sur la quantité. Les grands chefs en mettent 250 g pour 1 kg de pommes de terre !

Espadon aux aubergines

pour 4 personnes

- 500 g d'espadon
- 300 g de tomates
- 300 g d'aubergines
- 4 cuil. à s. d'huile d'olive
- 30 g de câpres au vinaigre
- sel, poivre

les ingrédients

Préparation : 15 min

Cuisson : 10 min

Prix :

Calories :

Faites chauffer le four à 180 °, thermostat 5. Coupez les extrémités des aubergines, pelez-les puis coupez-les en lamelles d'environ 5 mm d'épaisseur.

la recette

Lavez les tomates, essuyez-les avec un linge propre, et détaillez-les en rondelles de 1 cm d'épaisseur. Rincez l'espadon sous l'eau froide, essuyez-le puis coupez-le en tranches assez fines.

Graissez la lèchefrite du four avec une cuillerée d'huile d'olive, mettez-y les lamelles d'aubergines et faites-les cuire 5 min dans le four. Sortez-les et augmentez la température du four à 200 °, thermostat 6. Retirez les lamelles d'aubergines et graissez de nouveau la lèchefrite avec une cuillerée d'huile d'olive.

Disposez-y, en alternance, une rangée de rondelles de tomates, une rangée de lamelles d'aubergines, une rangée de tranches d'espadon, et ainsi de suite, jusqu'à épuisement des ingrédients. Répartissez dessus trois cuillerées à soupe d'eau, parsemez le tout de câpres, arrosez avec le reste d'huile d'olive, puis salez et poivrez. Couvrez la lèchefrite avec une feuille de papier d'aluminium, glissez-la dans le four et laissez cuire 10 min. Servez très chaud.

tour de main

Il est indispensable, pour cette recette, de peler les aubergines, sans quoi elles ne cuiraient pas correctement. Coupez-les en lamelles plutôt fines, et n'omettez pas le temps de pré-cuisson.
Si vous achetez l'espadon juste avant d'exécuter la recette, vous pouvez demander au poissonnier de le couper lui-même en tranches fines. Mais évitez de le faire si vous l'achetez plus de 3 h avant de le cuisiner.

CUISINE MINCEUR
Ce plat est tout à fait indiqué dans le cadre d'un menu de régime. Comptez environ 220 kcal par portion.

CUISINE RAPIDE ET MICRO-ONDES
Pour utiliser le four à micro-ondes, il faudrait procéder en plusieurs fois pour une question de place, ce qui prendrait beaucoup de temps.

RECOMMANDATIONS
Servez cet espadon avec un vin blanc sec – muscadet, gros-plant, riesling – ou avec un vin rouge – brouilly ou cahors par exemple. Choisissez des tomates mûres et bien fermes. Les roma ou les olivettes, en saison, conviennent très bien. Évitez les tomates de Hollande cultivées en serre, farineuses et insipides.
L'espadon est un poisson très abondant dans les mers chaudes. Sa chair, excellente, rappelle celle du thon.

Pot-au-feu

pour 6 personnes

- 1,5 kg de viande à pot-au-feu
(pointe de culotte, gîte, paleron, jarret de bœuf, plat de côtes)
- 6 os à moelle
- 8 carottes
- 6 navets
- 4 poireaux
- 1 branche de céleri
- 1 oignon
- 4 clous de girofle
- 1 gousse d'ail
- 1 bouquet garni
- gros sel, poivre en grains
- croûtons

Préparation : 40 min

Cuisson : 3 h 30

Prix :

Calories :

Attente : 6 h

Liez les viandes ensemble en laissant dépasser un morceau de ficelle. Ficelez également les os à moelle. Lavez tous les légumes, pelez les carottes et les navets. Coupez les carottes en tronçons et les navets en quarts ou en moitiés, selon leur taille.

Fendez les poireaux en croix, nettoyez-les soigneusement et ficelez-les ensemble avec la branche de céleri. Pelez l'oignon et piquez-le avec les clous de girofle. Pelez la gousse d'ail.

Placez tous les légumes dans une grande marmite, couvrez-les de 3 l d'eau froide, ajoutez le bouquet garni, la gousse d'ail et portez l'ensemble à ébullition. Salez au gros sel et poivrez. Au bout de 30 min, ajoutez la viande ficelée, et faites cuire le pot-au-feu 3 h à feu doux, en écumant de temps en temps. Vingt-cinq minutes avant la fin de la cuisson, ajoutez les os à moelle dans la marmite.

Goûtez le bouillon et rectifiez l'assaisonnement en sel et en poivre si nécessaire. Filtrez-le à travers une passoire et laissez-le refroidir pendant 6 h. Dégraissez la surface, faites chauffer à nouveau ensemble tous les éléments et servez le bouillon bien chaud à part, accompagné de petits croûtons de pain grillés. Présentez en même temps, ou juste après, la viande et les légumes, ainsi que les os à moelle.

tour de main

La saveur du pot-au-feu dépend pour beaucoup de la variété des morceaux de viande utilisés. N'hésitez pas à assortir au moins trois morceaux différents.
La façon de cuire la viande du pot-au-feu peut varier d'une recette à l'autre. Si elle est mise dans de l'eau froide doucement portée à ébullition, ses sucs se diffusent dans le bouillon, qui gagne en goût et en valeur nutritive. Si elle est plongée dans l'eau bouillante, son albumine coagule immédiatement et empêche les sucs de se mêler au bouillon ; la viande est dans ce cas plus goûteuse.

CUISINE MINCEUR

Le pot-au-feu peut s'intégrer à un menu de régime si vous prenez la précaution de bien dégraisser le bouillon : une première fois de la manière indiquée dans la recette en ôtant la pellicule de graisse formée en surface ; une seconde fois en passant le bouillon à travers une mousseline. Ne servez pas les croûtons de pain et relevez simplement le bouillon de cerfeuil frais ciselé.

CUISINE RAPIDE ET MICRO-ONDES

La cuisson au four à micro-ondes ne peut avantageusement remplacer une cuisson lente.
En revanche, vous gagnerez du temps en utilisant la Cocotte-Minute. Pour cela, diminuez la quantité d'eau de moitié et comptez 40 min de cuisson à partir du chuchotement de la vapeur.

RECOMMANDATIONS

Servez un bordeaux, comme un fronsac ou un côtes-de-bourg. Disposez sur la table le gros sel gris de mer, les moutardes forte et douce, les cornichons, les petits oignons au vinaigre... Le vrai pot-au-feu ne comporte pas de pommes de terre, mais vous pouvez en faire cuire à part, dans une petite partie du bouillon et les servir avec les autres légumes. Ou bien ajouter 200 g de rutabaga ou les substituer aux navets.

Irish stew

pour 6 personnes

- 750 g d'épaule d'agneau désossée
- 750 g de collier d'agneau désossé
- 12 petites pommes de terre nouvelles
- 12 petits oignons blancs en botte
- 2 gros oignons doux
- 3 belles pommes de terre très farineuses
- 3 poireaux • 1 bouquet de persil plat
- 1 bouquet garni
- sel, poivre du moulin

Préparation : 45 min

Cuisson : 2 h

Prix :

Calories :

Attente : 3 h

Pour réaliser cette recette, choisissez de la viande bien tendre. L'épaule d'agneau se prête parfaitement à la confection de ce plat, ainsi que le collier, qui est moelleux et gélatineux, et qui permet de bien lier la sauce. A défaut de collier, vous pouvez prendre un morceau de poitrine.

Détaillez la viande en morceaux carrés de 100 à 150 g chacun. Afin que le ragoût reste bien blanc, mettez les cubes d'agneau à dégorger 2 ou 3 h dans de l'eau froide. L'eau débarrasse la viande des traces de sang. Lavez le persil à l'eau froide.

Pelez et émincez très finement les gros oignons, les pommes de terre farineuses et les poireaux. Intercalez dans une cocotte viande, légumes en lamelles et bouquet garni. Salez et poivrez. Couvrez d'eau à niveau et laissez cuire 1 h 30 à couvert. Retirez les morceaux de viande. Passez à la moulinette les légumes et le liquide de cuisson et fouettez énergiquement la purée obtenue.

Remettez la viande au fond de la cocotte et recouvrez-la avec la purée de légumes. Pelez les petites pommes de terre, lavez et blanchissez 1 min à l'eau bouillante les petits oignons. Ajoutez tous ces légumes dans la cocotte. Mouillez avec un peu d'eau si nécessaire. Couvrez le récipient avec un papier sulfurisé, replacez le couvercle et terminez de cuire 30 min. Saupoudrez le ragoût de persil haché avant de servir.

tour de main

Si vous n'avez pas le temps de faire dégorger la viande, vous pouvez la blanchir : placez les morceaux d'agneau dans une casserole, mouillez avec de l'eau et quand elle se met à bouillir, arrosez d'eau froide. N'écumez pas mais égouttez. Le choix des pommes de terre farineuses est très important, car ce sont elles qui constituent le liant de la sauce. Utilisez des pommes de terre de Hollande rondes.

CUISINE MINCEUR

Cette recette permet de cuire la viande sans aucun apport de matières grasses. C'est la fécule contenue dans les pommes de terre qui lie la sauce. Si vous désirez alléger le ragoût, remplacez, lors de la dernière étape, les pommes de terre nouvelles par du chou de Milan : il sera digeste s'il n'est pas braisé. Vous pouvez ajouter quelques grains de cumin pour relever le plat.

CUISINE RAPIDE ET MICRO-ONDES

Intercalez dans une cocotte en verre ou un moule à soufflé, comme dans la recette de base, viande, pommes de terre, poireaux et oignons. Ajoutez le bouquet garni, mouillez à hauteur avec de l'eau et mettez à cuire à couvert, à puissance moyenne, pendant 45 min. Égouttez les morceaux d'agneau sur du papier absorbant et passez les légumes de cuisson à la moulinette. Remettez la viande dans le plat de cuisson, recouvrez-la avec la purée et ajoutez les petites pommes de terre tournées et piquées en plusieurs endroits ainsi que les petits oignons blanchis. Mettez à cuire à couvert, à puissance maximale pendant 8 min.

RECOMMANDATIONS

Vous pouvez servir ce plat avec un saint-chinian ou un fleurie. Mais l'accompagnement authentique sera une bonne bière irlandaise. Choisissez un faitout en fonte que vous utiliserez également comme plat de service.

Volailles

Poulet à l'ail

pour 4 personnes

- 1 poulet fermier de 1,5 kg
- 500 g de petites olives noires du Midi
- 2 à 3 têtes d'ail frais (soit environ 40 gousses)
- 1 bol de farine de blé
- 1 bouquet garni
- 1 branche de céleri
- 2 cuil. à s. d'huile d'olive
- sel, poivre du moulin

Les ingrédients

Préparation : 45 min

Cuisson : 1 h

Prix :

Calories :

Faites chauffer le four à 180 °, thermostat 5. Si le poulet n'est pas déjà préparé, videz-le, lavez-le sous l'eau courante, essuyez-le soigneusement à l'aide d'un linge, et flambez-le en le passant au-dessus d'une flamme de bougie pour ôter les petites plumes et le duvet restants ; brossez la volaille.

Mélangez trois pincées de sel avec deux pincées de poivre ; glissez la moitié de ce mélange à l'intérieur du poulet et frottez l'extérieur avec le reste. Lavez la branche de céleri et coupez-la en rondelles très fines. Garnissez-en l'intérieur de la volaille, puis ajoutez le bouquet garni. Troussez le poulet.

Coupez les olives en deux et dénoyautez-les. Mélangez la farine à une cuillerée d'eau, pétrissez, puis ajoutez de nouveau de l'eau jusqu'à ce que vous obteniez une pâte ferme. Prenez-la et faites-la rouler entre vos mains pour lui donner la forme d'un long cordon. Séparez les gousses d'ail des têtes, mais ne les pelez pas.

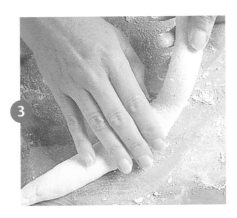

Tapissez le fond d'une terrine en terre cuite tous feux avec les gousses d'ail, recouvrez-les avec les olives dénoyautées, versez dessus une cuillerée d'huile d'olive, puis déposez le poulet sur ce tapis. Arrosez-le avec le reste de l'huile. Couvrez le récipient et fermez-le hermétiquement en appliquant sur la jointure le cordon de pâte, comme une ceinture. Faites cuire le plat 1 h au four, cassez le bourrelet de pâte et servez le poulet dans la terrine.

tour de main

Trousser un poulet, c'est le mettre en forme et le brider. Rassemblez les pattes et les ailes autour du corps. Posez le poulet sur le dos, passez de la ficelle sous le croupion, croisez-la, puis passez les brins de ficelle sous chaque cuisse. Faites un tour, serrez fort, tout en tirant en direction du cou. Retournez la volaille, passez chaque bout de ficelle autour d'une aile, tirez-la bien, faites un nœud et coupez le surplus de ficelle inutilisé.

CUISINE MINCEUR

Cette recette, très parfumée, est tout à fait indiquée en cas de régime, à condition de limiter la portion d'olives dans l'assiette et de ne pas abuser de la sauce. Une ratatouille est la garniture idéale de ce plat méridional. N'hésitez pas à bien la relever à l'ail.

CUISINE RAPIDE ET MICRO-ONDES

Ce plat nécessite une longue cuisson à four modéré afin de dégager son parfum puissant. Placez à l'intérieur d'un sac à rôtir perforé le poulet (peu salé), piqué de part en part, mis sur un lit de gousses d'ail avec leur peau que vous aurez percée à l'aide d'un cure-dent, et d'olives dénoyautées. Arrosez-le d'un filet d'huile d'olive. Placez le sac sur la plaque à rissoler et faites cuire la volaille 10 min à puissance maximale. Déplacez le sac, et prolongez la cuisson 20 min, à puissance moyenne.

RECOMMANDATIONS

Servez un vin rouge de Provence savoureux, un bandol par exemple. Choisissez soigneusement une volaille bénéficiant d'un label. Les poulets de Bresse offrent une garantie de qualité inégalée. Utilisez de petites olives noires au naturel, conservées en saumure. Si, lorsque vous les dénoyautez, elles se défont en partie, cela ne présente aucun inconvénient pour la présentation du plat.

VOLAILLES

Lapin au cidre et aux pommes

pour 4 personnes

- 1 lapin prêt à cuire d'environ 1,2 kg
- 25 cl de cidre brut
- 2 pommes acides
- 2 carottes
- 1 oignon
- 1 gousse d'ail
- 20 g de beurre
- 2 cuil. à s. d'huile d'olive
- 2 brins de thym
- 1 feuille de laurier
- 3 grains de poivre
- sel

les ingrédients

Préparation : 30 min

Cuisson : 40 min

Prix :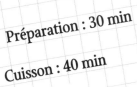

Calories :

72

Découpez le lapin en six ou huit morceaux, lavez-les et essuyez-les avec un linge propre. Pelez et hachez les carottes et l'oignon. Pelez l'ail et écrasez-le à la fourchette. Lavez le thym et le laurier. Faites chauffer le beurre et l'huile dans une cocotte avec l'ail écrasé. Faites-y dorer les morceaux de lapin de tous côtés, puis retirez-les et réservez-les.

Mettez les carottes et l'oignon hachés dans la cocotte et faites-les blondir à feu doux. Ajoutez le thym, le laurier, le poivre en grains, les morceaux de lapin, et salez. Versez le cidre.

Couvrez la cocotte et laissez mijoter environ 40 min sur feu modéré, en remuant de temps en temps la préparation avec une cuillère en bois. 30 min avant la fin de la cuisson, pelez les pommes, ôtez-en le cœur et les pépins et coupez-les en quartiers.

Faites-les fondre doucement dans une poêle à revêtement antiadhésif, en ajoutant éventuellement une noisette de beurre. Dès que les quartiers sont tendres, arrêtez la cuisson. Transvasez délicatement les quartiers de pomme dans la cocotte 2 min avant la fin de la cuisson. Disposez le lapin et les pommes sur un plat de service chaud et servez sans attendre.

tour de main

Prenez soin d'éliminer les éclats d'os après avoir découpé le lapin : ils peuvent être dangereux. Si le boucher le découpe pour vous, vérifiez également qu'il n'a pas laissé de petits éclats.

N'oubliez pas de dégermer la gousse d'ail : fendez-la en deux et retirez le germe vert central. L'ail ainsi préparé est parfaitement digeste et ne laisse aucun mauvais souvenir, que vous le mangiez cru ou cuit.

CUISINE MINCEUR

Le lapin est une viande assez maigre et fort peu calorique. Utilisez une cocotte à revêtement antiadhésif et réduisez de moitié les matières grasses.

Le mélange de sucres (les pommes et le cidre) et de graisses ne permet pas, malgré tout, de classer ce plat parmi les recettes minceur. Considérez ce plat comme un repas complet, ou faites-le suivre d'un fromage blanc à 0 % de matières grasses.

CUISINE RAPIDE ET MICRO-ONDES

Suivez la recette ci-dessus jusqu'à la fin du paragraphe 2, puis versez la préparation dans un plat brunisseur, en séparant bien les morceaux de lapin. Couvrez et faites chauffer à puissance moyenne pendant 20 à 25 min. Remuez une fois en cours de cuisson. Laissez reposer 5 min.

RECOMMANDATIONS

Présentez ce plat fruité et savoureux avec un bon cidre bouché, servi frais.

Pour cette recette automnale, choisissez des pommes parfumées et acidulées, reinette clochard ou Reine des reinettes par exemple, que l'on trouve dès la fin du mois d'août. La granny-smith d'Australie, acidulée, est très croquante et se tient bien à la cuisson.

Caneton braisé aux petits pois

pour 4 personnes

- 1 caneton d'environ 1,5 kg
- 1,2 kg de petits pois frais
- 125 g de poitrine de porc
- 75 g de beurre
- 1 botte de petits oignons blancs
- 1 carotte
- 1 oignon
- 1 bouquet garni
- 1 branche de sarriette
- sel, poivre

Préparation : 25 min

Cuisson : 1 h 10

Prix :

Calories :

Lavez, grattez la carotte et détaillez-la en rondelles. Pelez l'oignon, à l'aide d'un couteau tranchant, émincez-le finement. Faites fondre une noix de beurre dans un faitout de la taille du canard ; ajoutez la carotte détaillée, l'oignon, le bouquet garni et la sarriette.

Quand carottes et oignons sont bien chauds, disposez le caneton dessus. Salez et poivrez. Laissez cuire à feu doux pendant 30 min. Faites chauffer le four à 100 °, thermostat 1. Écossez les petits pois et pelez les petits oignons. Sortez le caneton et réservez-le au chaud dans le four, enveloppé dans du papier d'aluminium.

Passez le fond de cuisson avec les aromates au chinois et réservez-le. Faites bouillir de l'eau salée et plongez dedans les petits pois et les oignons grelots pendant 20 min. Égouttez. Ôtez la barde du morceau de poitrine, détaillez-le en petits lardons que vous ferez rissoler dans une poêle, sans apport de matières grasses.

Mettez le reste de beurre à fondre dans la braisière, mouillez avec le fond de cuisson réservé, et replacez le caneton dedans. Dans un saladier, mélangez les lardons rissolés, les petits oignons et les petits pois. Disposez cette garniture autour du canard et laissez mijoter à couvert et à feu doux jusqu'à cuisson complète, soit environ 20 min.

75

tour de main

Utilisez des petits pois frais, disponibles de mai à juillet. 1 kg de pois donne jusqu'à 400 g de graines. Dépouillez-les de leur cosse et recueillez les petits pois. Il est inutile de les laver. La cuisson du caneton ne doit pas être trop vive : les aromates peuvent légèrement attacher au fond mais ils ne doivent jamais brûler.

CUISINE MINCEUR

Pour alléger ce plat, remplacez le beurre par de la margarine : il suffit d'une petite noix, dans la première partie de la recette, pour obtenir une bonne sauce et un canard un peu coloré. Pour la dernière partie de la recette, procédez à une cuisson à l'étouffée : faites cuire le canard et sa garniture à couvert dans leur propre jus.

N'ajoutez que les oignons grelots aux petits pois et supprimez les lardons. Servez le canard sans la peau, qui représente un apport de matières grasses important.

CUISINE RAPIDE ET MICRO-ONDES

La cuisson au four à micro-ondes n'offre aucun avantage : elle est longue et demande de nombreuses manipulations. L'autocuiseur ne vous fera pas gagner beaucoup de temps et le caneton ne prendra pas une belle couleur dorée. Cuisson : 20 à 25 min sur son lit d'aromates, mouillé d'un peu d'eau et sous pression. Passez ensuite le fond au chinois et nappez-en le canard et les petits pois cuits à part.

RECOMMANDATIONS

Servez avec un vin blanc – chablis, pouilly-fuissé – ou avec un vin rouge – bourgueil, chinon. Si vous choisissez un vin blanc, vous pouvez, au moment de retirer le canard après la première cuisson, déglacer le fond avec un verre de ce vin pour affiner la sauce. Laissez-la réduire avant de la passer au chinois. Vous pouvez remplacer les petits pois frais par des extra-fins surgelés.

Cailles au vin

pour 6 personnes

- 6 belles cailles
- 6 bardes de lard
- 500 g de raisin blanc
- 1/2 verre à moutarde
de vin de Banyuls grand cru
- 50 g de beurre
- sel, poivre du moulin

Les ingrédients

Préparation : 30 min

Cuisson : 30 min

Prix :

Calories :

Attente : 1 h

Pelez les grains de raisin, puis mettez-les dans une casserole, arrosez-les de vin et laissez-les macérer 1 h. Pendant ce temps, nettoyez les cailles en les lavant sous de l'eau froide, à l'intérieur et à l'extérieur, puis essuyez-les soigneusement. Flambez-les, salez et poivrez-les, bardez-les et ficelez-les bien à l'aide de ficelle de boucher.

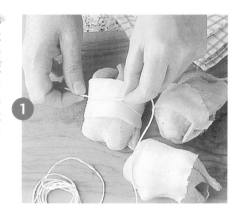

Mettez le beurre à fondre dans une cocotte, et faites dorer les volailles environ 7 min en les retournant plusieurs fois. Baissez le feu, couvrez la cocotte, et laissez cuire encore une dizaine de minutes : les oiseaux ne doivent pas être entièrement cuits. Pendant ce temps, portez la casserole contenant les raisins à ébullition et laissez mijoter 5 min à couvert.

Quand les cailles sont cuites, égouttez-les, retirez ficelle et barde, posez les oiseaux sur une assiette creuse et couvrez-les de papier d'aluminium pour les garder au chaud. Égouttez les grains de raisin, ajoutez-les aux volailles, et réservez le vin. Enlevez la graisse restée dans la cocotte, tout en conservant le jus de cuisson se trouvant au fond.

A feu modéré, déglacez la cocotte avec le banyuls des raisins. La sauce doit être assez courte, il est donc possible que vous n'ayez besoin que d'une partie du vin : tout dépend de la quantité de jus qu'auront rendu les cailles. Portez à ébullition, faites réduire 3 min, puis ajoutez les volailles et les raisins ; couvrez la cocotte, et laissez mijoter 5 min. Vérifiez l'assaisonnement et portez à table.

tour de main

Pour flamber les cailles, passez-les au-dessus d'une flamme pour ôter les petites plumes et le duvet restants, puis brossez-les.

Si les raisins sont très sucrés, prenez un banyuls plutôt sec ; si les fruits sont acides, choisissez un vin plus liquoreux.

Si la sauce est trop liquide à votre goût, prélevez-en une cuillerée, laissez-la refroidir, ajoutez-y une cuillère à café rase de Maïzena, mélangez bien, versez cette préparation dans la sauce et faites bouillir brièvement.

CUISINE MINCEUR

Pour alléger ce plat, veillez à bien dégraisser le fond de cuisson, en le passant au linge, si cela s'avère nécessaire. Supprimez le beurre pour faire revenir et cuire les cailles, la barde suffisant pour que les oiseaux n'attachent pas au fond. Évitez de manger la peau des volailles.

Ne liez pas la sauce à la Maïzena, et accompagnez les cailles d'une purée de céleri cuit à la vapeur, préparée avec du lait écrémé.

CUISINE RAPIDE ET MICRO-ONDES

Cuisez les grains de raisin dans le four à micro-ondes : versez dans un plat creux les raisins avec le vin, couvrez, et laissez cuire 6 à 8 min à puissance maximale. En ce qui concerne les cailles, leur cuisson est assez délicate à réaliser dans un four à micro-ondes. De plus, il est difficile de faire cuire tous les oiseaux en même temps ; de ce fait, vous ne gagneriez pas de temps. Le mode de cuisson traditionnel est préférable.

RECOMMANDATIONS

Servez avec un bordeaux rouge, moelleux et parfumé, comme un saint-émilion.

Accompagnez d'une purée de pommes de terre ou de céleri. Choisissez des raisins à gros grains comme les italiens, moins difficiles à peler. Si les cailles sont petites, comptez-en deux par personne.

Escalopes de poularde au citron vert

pour 4 personnes

Les ingrédients

- 4 blancs de poulardes avec la peau et les os
- 25 cl de vin blanc
- 25 cl de fond de volaille
- 4 citrons verts
- 2 échalotes grises
- 3 cuil. à s. de crème fraîche
- 2 cuil. à c. de miel de trèfle
- 1 noix de beurre
- sel, poivre

Préparation : 30 min

Cuisson : 35 min

Prix :

Calories :

Attente : 1 h

Lavez deux citrons verts, pelez-les et coupez le zeste en fines lanières. *Portez* une casserole d'eau à ébullition et plongez-y les écorces. *Faites-les* blanchir 5 min, sortez-les et passez-les sous l'eau froide. *Pressez* les deux autres citrons et mélangez le jus avec le miel.

Lavez les blancs de poulardes, séchez-les, frottez-les avec un mélange de sel et de poivre, puis enrobez-les de jus de citron au miel. *Laissez-les* mariner 1 h au frais en les retournant de temps en temps. *Pelez* les échalotes et hachez-les finement.

Faites chauffer le beurre dans une poêle et déposez dedans les morceaux de viande égouttés ; laissez-les cuire 6 min de chaque côté, retirez-les de la poêle, et réservez-les sous une feuille de papier d'aluminium. *Jetez* l'excédent de graisse en conservant le fond de cuisson, ajoutez les échalotes et remettez la poêle sur le feu.

Dès que les échalotes deviennent translucides, mouillez-les avec le vin blanc et laissez-les réduire à feu vif jusqu'à évaporation quasi totale du liquide. *Ajoutez* le fond de volaille et faites-le réduire de moitié. *Versez* la crème fraîche, portez la sauce à ébullition, puis passez-la au chinois. *Salez* et poivrez. *Ajoutez* les zestes de citron, mélangez la sauce sur le feu puis nappez-en les blancs de poulardes.

tour de main

Si vous ne disposez pas de fond de volaille frais, utilisez du fond de volaille déshydraté. Vous pouvez ajouter à la sauce, au dernier moment, quelques brins de cerfeuil ciselés.

CUISINE MINCEUR

Retirez la peau des blancs de volailles, faites-les dorer à sec dans une poêle à revêtement antiadhésif. N'ajoutez pas de crème fraîche à la sauce. Laissez-la juste réduire jusqu'à ce qu'elle atteigne la consistance désirée.

Accompagnez de préférence ce plat de légumes verts cuits à la vapeur.

CUISINE RAPIDE ET MICRO-ONDES

Toute la cuisson au four à micro-ondes est menée à puissance maximale. Mettez une noix de beurre dans un plat, couvrez-le et faites chauffer 45 s. Ajoutez dedans les blancs marinés sans peau et faites-les cuire 6 min en les retournant à mi-cuisson. Tenez-les au chaud en les couvrant de papier d'aluminium. Mettez les échalotes dans le plat, mouillez-les avec le vin blanc et faites-les cuire 1 min, jusqu'à évaporation du liquide. Versez dessus 15 cl de fond de volaille, laissez réduire de moitié 1 min, passez au tamis et ajoutez la crème et les zestes. Portez la sauce à ébullition 30 s et nappez-en la viande.

RECOMMANDATIONS

Servez avec un blanc sec à l'acidité prononcée, un muscadet de sèvre-et-maine par exemple. Une vraie poularde est une poule élevée au grain et au lait, en liberté, avant d'être engraissée en cage, dans la pénombre (ce qui l'empêche d'arriver à maturité sexuelle). Cette méthode permet d'obtenir, avec certaines races, une chair d'une tendreté exceptionnelle. Aujourd'hui la vraie poularde a pratiquement disparu des marchés, et les commerçants désignent sous ce nom des volailles mâles ou femelles pesant plus de 1,8 kg.

Poulet tandoori

pour 4 personnes

- 1 poulet de 1,5 kg
- 2 yaourts bulgares nature
- 1 citron
- 4 cuil. à c. de poudre tandoori
- 2 gousses d'ail
- sel et poivre

Les ingrédients

Préparation : 20 min

Cuisson : 1 h 20

Prix :

Calories :

Attente : 24 h

Découpez le poulet en quatre ou cinq morceaux. Retirez la peau et incisez la chair de la volaille avec la pointe d'un couteau. Les entailles doivent être régulières et profondes d'environ 5 mm. Disposez les morceaux dans un plat creux.

Pressez le citron, pelez les gousses d'ail et écrasez-les. Versez le jus dans un autre bol, salez, poivrez, ajoutez l'ail pilé, mélangez bien et répartissez la sauce sur les morceaux de viande en les enrobant bien. Laissez macérer 30 min. Pendant ce temps, préparez la pâte épicée : mélangez dans un bol la poudre tandoori et les yaourts, puis réservez la préparation.

Lorsque le poulet est bien imprégné du jus de citron, nappez-le du yaourt aromatisé et mélangez longuement. Toutes les faces de la viande doivent être recouvertes de pâte rouge. Couvrez le plat, et laissez macérer au frais pendant 24 h, en retournant les morceaux au moins trois ou quatre fois.

Le lendemain faites chauffer le four à 180 °, thermostat 5. Égouttez la viande. Enveloppez chaque morceau dans du papier d'aluminium et enfournez pendant 1 h 10. Sortez le poulet du four, et allumez le gril. Retirez le papier, égouttez les morceaux et mettez-les sur une grille. Placez-les 10 min sous le gril rouge en les retournant une fois à mi-temps. Le poulet doit devenir rouge sombre.

tour de main

Si vous ne souhaitez pas découper vous-même la volaille ou si vous préférez des morceaux plus charnus, vous pouvez acheter uniquement des cuisses et des hauts de cuisses : ces morceaux comportent moins de déchets et sont très tendres après cuisson. De plus, leur peau se détache très facilement. Accompagnez le poulet tandoori d'un riz pilaf, de rondelles d'oignons crus, de quartiers de citron et de tomates coupées en fines tranches. Pensez au pain indien, le *nan*, si vous pouvez en trouver.

CUISINE MINCEUR

Cette recette est tout à fait indiquée dans le cadre d'un régime. Elle ne contient aucune matière grasse, en dehors des graisses de la viande – naturellement maigre – qui disparaissent en grande partie en cours de cuisson. Évitez cependant le riz en accompagnement, et servez à la place quelques courgettes blanchies, puis revenues à la poêle avec un oignon, une tomate et une pointe de curry.

CUISINE RAPIDE ET MICRO-ONDES
Le four à micro-ondes est inutilisable dans cette recette.

RECOMMANDATIONS
Servez un vin rosé frais, comme un cabernet.
La poudre tandoori est un mélange d'aromates tout prêt que l'on trouve dans les épiceries indiennes, ainsi que dans les rayons spécialisés de certaines grandes surfaces. Il est généralement de nuance rouge, car il contient un colorant alimentaire qui teinte la chair de la viande. Vous pouvez aussi trouver des poudres non colorées : les épices sont exactement les mêmes, mais le poulet sera doré et non cuivré.

VOLAILLES

Escalopes de dinde à la diable

pour 4 personnes

- 600 g d'escalope de dinde en tranches
- 20 g de beurre
- 2 cuil. à s. d'huile
- 2 cuil. à s. de xérès sec
- 1 cuil. à s. de vinaigre de vin
- 1 gousse d'ail
- farine
- quelques feuilles de sauge
- Worcester sauce
- sel

Préparation : 5 min

Cuisson : 15 min

Prix :

Calories :

Placez un plat de service dans le four allumé à 140 °, thermostat 3. Pelez la gousse d'ail, ouvrez-la en deux et ôtez-en le germe. Faites chauffer l'huile et le beurre dans une grande poêle. Mettez-y l'ail et les feuilles de sauge et laissez-les dorer quelques instants.

Farinez les tranches de viande et ajoutez-les dans la poêle. Faites-les dorer sur feu assez vif, des deux côtés. Salez-les et laissez-les cuire sur feu modéré environ 6 min, selon leur épaisseur.

Retirez-les de la poêle et disposez-les sur le plat de service chaud, que vous placerez dans le four éteint. Ôtez également l'ail et la sauge, puis déglacez la poêle avec le vinaigre.

Portez-le doucement à ébullition, puis versez-y le xérès et un trait de sauce Worcester. Mélangez bien la sauce, laissez-la réduire, puis versez-la sur les tranches de dinde et servez sans attendre.

tour de main

Si vous utilisez la viande peu de temps après l'avoir achetée, demandez au boucher d'aplatir les tranches de dinde. Sinon, faites-le vous-même à l'aide d'un attendrisseur ou en plaçant les tranches entre deux planches et en frappant énergiquement le tout. Déglacer consiste à dissoudre les sucs de cuisson d'un récipient à l'aide d'un liquide. Pour obtenir une sauce goûteuse, grattez bien le fond et les parois de la poêle avec une cuillère en bois.

CUISINE MINCEUR

Cette recette conviendrait parfaitement dans le cadre d'un régime s'il n'y avait l'alcool. En utilisant un récipient à revêtement antiadhésif, vous pouvez réduire la quantité d'huile. Remplacez éventuellement l'alcool par une quantité équivalente de bouillon (mais le goût de la recette en sera modifié). Prenez soin de choisir une garniture légère : haricots verts, brocolis, pois gourmands...

CUISINE RAPIDE ET MICRO-ONDES
Le four à micro-ondes ne convient pas pour cette recette.

RECOMMANDATIONS
Servez un vin blanc très parfumé, comme un riesling ou un muscat d'Alsace.
Une purée de pommes de terre accompagnera parfaitement ces escalopes de dinde. Vous pouvez également présenter une purée de potimarron. Faites cuire le potimarron pelé et coupé en morceaux 25 min à la vapeur. Placez les morceaux dans une casserole, ajoutez 25 g de beurre et une ou deux cuillerées à soupe de crème fraîche, battez le tout au fouet et servez. Cette purée, très riche en vitamine A, est très appréciée de tous, y compris des jeunes enfants.

Poulet au vinaigre

pour 6 personnes

- 1 poulet de 1,5 kg environ
- 4 cuil. à s. de vinaigre de vin
- 4 cuil. à s. de vin blanc sec
- 1 dl de bouillon
- 3 cuil. à s. d'huile
- 30 g de beurre
- 1 cuil. à s. de concentré de tomates
- 2 gousses d'ail
- sel, poivre

Préparation : 20 min

Cuisson : 30 min

Prix :

Calories :

*L*avez le poulet et essuyez-le. *D*écoupez-le en huit morceaux. *S*alez et poivrez chaque morceau. *P*elez l'ail et écrasez-le légèrement avec le dos d'une fourchette.

la recette

*F*aites chauffer l'huile et le beurre dans une grande sauteuse. *A*joutez l'ail écrasé, puis les morceaux de poulet. *F*aites dorer la viande de tous côtés.

*L*orsque les morceaux sont bien dorés, arrosez-les avec le vinaigre et le vin. *L*aissez bouillir sur feu vif jusqu'à évaporation du liquide. *P*endant ce temps, faites chauffer le bouillon et diluez-y le concentré de tomates.

*A*rrosez la viande avec le bouillon à la tomate, couvrez et faites cuire 30 min sur feu modéré. *É*gouttez alors les morceaux de poulet et gardez-les au chaud. *D*égraissez le jus de cuisson, ajoutez une ou deux cuillerées d'eau chaude si nécessaire, portez à ébullition en remuant et en grattant le fond à la cuillère en bois. *P*ortez les morceaux de poulet à table, accompagnés de leur sauce en saucière.

tour de main

N'omettez pas de retirer le germe des gousses d'ail. Il est important d'écraser grossièrement l'ail à la fourchette ou avec le plat d'une lame de couteau, plutôt qu'avec un presse-ail : ce dernier, en réduisant la pulpe en purée, lui donne un goût âcre et déplaisant. Un ail grossièrement écrasé dégagera le meilleur de lui-même, sans devenir envahissant. Pour faire la sauce, grattez bien la sauteuse avec la cuillère en bois afin de récupérer tous les sucs de cuisson.

CUISINE MINCEUR
Une recette acceptable si l'on excepte le vin, trop riche en sucres rapides. Remplacez-le par une quantité équivalente de bouillon corsé.
Vous pouvez utiliser une sauteuse à revêtement antiadhésif et réduire la quantité de matières grasses. Si vous suivez un régime strict, ne mangez pas la peau : c'est la partie la plus grasse du poulet.
Comptez environ 340 kcal par portion.

CUISINE RAPIDE ET MICRO-ONDES
Le four à micro-ondes ne convient par pour cette recette.

RECOMMANDATIONS
Gardez à table le vin qui a servi pour la cuisson, un pinot gris d'Alsace, ou un chablis.
Préférez si possible un poulet « élevé en liberté ». Seule cette appellation vous garantit que la volaille a pris un peu d'exercice. Un poulet « fermier » est un poulet qui a été nourri avec un minimum de céréales (75 %) et qui n'a pas été abattu avant quatre-vingts jours. L'appellation « élevé en plein air » signifie simplement que la volaille avait accès à un enclos grillagé, de taille variable selon la catégorie, et ne présage nullement de la qualité de sa nourriture.

Agneau-mouton

Gigot mariné

pour 6 personnes

- 1 gigot de 2 kg
- 75 cl de vin blanc sec
- 10 cl de vinaigre de champagne
- 300 g de lard gras
- 75 g de beurre
- 75 g de câpres
- 4 carottes
- 2 oignons
- 2 échalotes
- 1 bouquet garni
- 2 gousses d'ail
- 2 clous de girofle
- 8 grains de poivre
- sel, poivre du moulin

Préparation : 45 min

Cuisson : 55 min

Prix :

Calories :

Attente : 24 h

Préparez les légumes pour la marinade de la façon suivante : lavez les carottes, grattez-les et coupez-les en rondelles assez fines. Pelez les oignons, ainsi que les échalotes, puis émincez-les. Épluchez les gousses d'ail et écrasez-les. Mettez tous ces ingrédients dans un récipient à la taille du gigot.

Coupez le lard gras en bandes puis en longs rectangles. Ajoutez-les aux légumes ainsi que les grains de poivre, le bouquet garni, les clous de girofle et une cuillerée à café de sel. Mouillez avec le vin blanc et le vinaigre, mélangez, et disposez le gigot dans la marinade. Couvrez le récipient et mettez-le au réfrigérateur pendant 24 h.

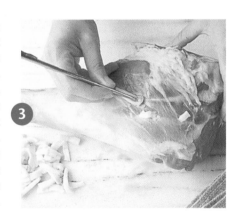

Le lendemain, faites chauffer le four à 220 °, thermostat 7, 30 min avant d'entamer la cuisson de la viande. Sortez le gigot de la marinade et épongez-le. Retirez les morceaux de lard gras, coupez-les en lamelles et piquez-en la pièce de viande. Beurrez le gigot et mettez-le à rôtir environ 30 min. Pendant ce temps, versez la marinade dans une casserole et laissez-la réduire à feu moyen 15 min environ, jusqu'à ce qu'elle épaississe.

Passez-la au mixeur, salez et poivrez. Lorsque le gigot est cuit, déglacez le fond de cuisson avec un tiers de la marinade réduite et passée, ajoutez les câpres, remettez le gigot au four, et laissez-le cuire encore 10 min en l'arrosant souvent. Avant de servir, ajoutez le fond de cuisson au reste de la marinade et présentez cette sauce à part.

tour de main

Pour larder la pièce de viande, coupez le lard en bâtonnets de 5 mm de côté. Utilisez une aiguille spéciale à larder, ou, à défaut, un couteau à lame fine, et piquez-en la viande, puis enfoncez les lardons dans les trous pratiqués. Laissez dépasser les bouts de gras de 2 cm.

CUISINE MINCEUR

Le gigot, préparé de cette façon, est beaucoup plus calorique que s'il était simplement grillé, mais il reste néanmoins très digeste. Pour alléger ce plat, supprimez le lard gras. Ne beurrez pas la viande avant de la mettre au four, elle contient suffisamment de graisses pour ne pas dessécher pendant la cuisson.

CUISINE RAPIDE ET MICRO-ONDES

Compte tenu de sa taille, il n'est pas aisé de faire cuire cette pièce de viande au four à micro-ondes. De plus, la cuisson du gigot est très délicate en raison de l'irrégularité de la forme de ce morceau. Le manche cuit beaucoup plus vite que la partie épaisse.

RECOMMANDATIONS

Servez avec un vin rouge du Rhône à l'arôme prononcé et charpenté, comme un châteauneuf-du-pape. Accompagnez cette viande de haricots verts sautés au beurre, en garniture. Vous pouvez les arroser avec la sauce et les parsemer de câpres. Pour larder le gigot, prenez du lard gras, prélevé dans l'entre-deux.

Gulé kambing

pour 6 personnes

- 1 kg d'épaule d'agneau désossée
- 1 bouquet de coriandre
- 4 échalotes
- 4 pistaches
- 1 cuil. à s. d'huile
- 3 clous de girofle
- 2 gousses d'ail
- 1 feuille de laurier
- 1 bâton de cannelle
- 1/2 cuil. à c. de curcuma
- 1/2 cuil. à c. de gingembre moulu
- 1/2 cuil. à c. de piment de Cayenne
- 1/2 cuil. à c. de citronnelle ciselée
- 1 cuil. à c. de cassonade • sel, poivre

Préparation : 40 min

Cuisson : 40 min

Prix :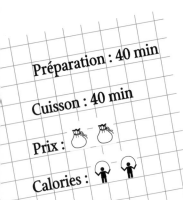

Calories :

A l'aide d'un couteau effilé et tranchant, détaillez la pièce de viande en petits cubes de 3 cm de côté. Pelez les échalotes et émincez-les finement ; pelez les gousses d'ail et écrasez-les.

Décortiquez les pistaches, pelez-les, mettez-les dans un mortier avec l'ail et les échalotes. Écrasez soigneusement le tout, jusqu'à l'obtention d'une pâte. Ajoutez le piment de Cayenne, du poivre, du sel, le gingembre moulu et le curcuma, puis incorporez ces épices à la pâte.

Faites revenir cette pâte épicée dans une sauteuse avec l'huile pendant 1 min, en remuant à la spatule. Versez les morceaux d'épaule d'agneau sur les épices et saisissez-les 2 min à feu vif, sans cesser de mélanger.

Lavez la coriandre à l'eau claire, effeuillez-la, ciselez-la et parsemez-en la viande. Ajoutez les épices et aromates restants ainsi que le sucre roux, arrosez le ragoût de deux verres d'eau, portez à ébullition, couvrez et laissez mijoter 30 min. Goûtez et rectifiez l'assaisonnement si nécessaire. Retirez la cannelle, les clous de girofle et la feuille de laurier avant de servir.

tour de main

Ce plat peut être préparé deux ou trois jours à l'avance, s'il est conservé au réfrigérateur dans une boîte hermétique. Vous pouvez également cuisiner le double des quantités indiquées et en congeler une partie. Le plat se conserve trois mois au congélateur.
Vous pouvez ajouter trois cuillerées à soupe de crème fraîche à la sauce en fin de cuisson. Portez-la à ébullition et retirez du feu.

CUISINE MINCEUR
Ce plat est assez calorique à cause de la cassonade et des pistaches, très grasses et riches en sucres. Les pistaches sont indispensables au caractère de ce plat, mais pas la cassonade. Servez-vous modérément. Accompagnez le ragoût de légumes cuits à la vapeur (navets, chou de Milan, pois gourmands, petits pois) plutôt que de riz.

CUISINE RAPIDE ET MICRO-ONDES
Si vous optez pour une cuisson rapide, choisissez de préférence la Cocotte-Minute, le gain de temps sera plus conséquent que dans le four à micro-ondes. Une fois la viande saisie dans l'huile et la pâte d'épices, ajoutez le reste des ingrédients, arrosez le tout d'un verre et demi d'eau, fermez hermétiquement le récipient et laissez cuire 15 min à partir de la première rotation de la soupape.

RECOMMANDATIONS
Plutôt que du vin, servez un thé de Ceylan, comme on le fait en Inde, ou bien optez pour une bière blonde de qualité. Si vous tenez au vin, choisissez-le rouge du Midi, sec et puissant, comme un fitou.
Pour les adeptes de cuisine très relevée, proposez de la purée de piment en accompagnement (sambal cuka ou sambal terasi) que vous trouverez dans les magasins de produits exotiques. Servez dans des assiettes creuses, compte tenu de l'abondance de la sauce.

**AGNEAU-
MOUTON**

Agneau à l'irlandaise

pour 4 personnes

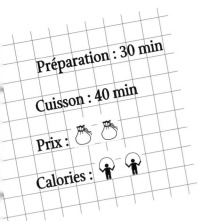

Préparation : 30 min

Cuisson : 40 min

Prix :

Calories :

Les ingrédients

- 600 g d'épaule d'agneau détaillée en cubes
- 600 g de pommes de terre
- 400 g d'oignons
- 2 cuil. à s. d'huile
- 3 brins de thym
- 3 brins de persil
- 2 feuilles de laurier
- sel, poivre

Faites chauffer l'huile dans une sauteuse. Ajoutez un brin de thym et les feuilles de laurier, puis la viande. Faites dorer les morceaux de tous côtés, puis salez-les et poivrez-les. Égouttez les morceaux de viande et réservez-les dans une terrine. Retirez le thym et le laurier et gardez le jus de cuisson hors du feu.

Pelez les oignons et hachez-les finement. Pelez les pommes de terre, rincez-les, essuyez-les, puis coupez-les en lamelles. Lavez le thym restant et effeuillez-le. Lavez le persil et hachez-le. Graissez un plat à gratin. Faites chauffer le four à 180 °, thermostat 5.

Remettez la sauteuse sur le feu et faites fondre les oignons hachés à feu doux, en remuant de temps à autre. Ils doivent devenir translucides sans prendre couleur. Composez le gratin : disposez une couche de lamelles de pommes de terre dans le fond du plat. Saupoudrez avec un peu de persil et de thym, du sel et du poivre. Étalez ensuite les oignons cuits en une seule couche. Salez, poivrez, disposez une nouvelle couche de pommes de terre.

Parsemez de persil et de thym, salez et poivrez. Ajoutez la viande, saupoudrez de nouveau avec les herbes, du sel et du poivre. Terminez par une couche de pommes de terre salées et poivrées. Versez de l'eau à peine à hauteur et couvrez d'une feuille de papier d'aluminium. Glissez le plat dans le four et laissez cuire 40 min. Portez la température à 200 °, thermostat 6, 15 min avant la fin de la cuisson, et ôtez la feuille de papier d'aluminium.

tour de main

Choisissez un plat pouvant être porté à table : le gratin doit être servi brûlant, dès sa sortie du four. Vous pouvez éventuellement remplacer l'eau par un bouillon peu salé.

CUISINE MINCEUR

Pommes de terre (glucides) et graisses (viande, graisse de cuisson) font un tout assez énergétique, qui profite directement à nos « capitons ».
Dégraissez soigneusement l'agneau. Utilisez une sauteuse à revêtement anti-adhésif et réduisez la quantité d'huile. Servez-vous largement en viande et modestement en pommes de terre. Comptez 300 à 350 kcal par portion.

CUISINE RAPIDE ET MICRO-ONDES

Placez le gratin dans un plat en verre. N'ajoutez d'eau qu'à moitié de la hauteur. Couvrez d'un papier sulfurisé et faites chauffer 15 min à puissance maximale en faisant pivoter le plat d'un quart de tour toutes les 5 min.
Faites gratiner sous le gril du four traditionnel.

RECOMMANDATIONS

A l'irlandaise ! Servez une bonne bière rousse fraîche.
L'épaule d'agneau est un morceau certes assez onéreux, mais dont la tendreté est inégalable. Des morceaux moins chers risquent de rester un peu coriaces avec ce mode de préparation. Choisissez des pommes de terre à chair ferme, qui se tiendront bien à la cuisson.

AGNEAU-MOUTON

Épaule d'agneau Soubise

pour 4 personnes

- 1 épaule d'agneau de 1 kg
- 8 oignons
- 250 g de mirepoix
- 20 cl de vin blanc
- 10 cl de bouillon
- 2 cuil. à s. d'huile d'olive
- 2 cuil. à s. de crème fleurette
- 2 gousses d'ail
- 1 noix de beurre
- 1 brin de thym
- 1 brin de romarin
- 1 cuil. à c. de Maïzena
- 1/2 cuil. à c. de moutarde forte
- sel, poivre du moulin

Préparation : 45 min

Cuisson : 1 h 30

Prix :

Calories :

Pelez les gousses d'ail, pressez-les et frottez-en la viande, puis salez et poivrez cette dernière. Pelez les oignons et détaillez-les en petits dés. Mettez le beurre à fondre dans une poêle, ajoutez les oignons et laissez blondir à feu doux. Mouillez avec le vin blanc, puis faites réduire le liquide.

Lorsque le liquide est évaporé, ajoutez la crème fleurette et la moutarde, rectifiez l'assaisonnement si nécessaire et mettez de côté. Faites chauffer le four à 200 °, thermostat 6. Parsemez l'épaule de thym et de romarin effeuillés.

Faites chauffer l'huile d'olive dans une cocotte tous feux. Déposez la viande dedans et saisissez-la sur toutes ses faces. Ajoutez la mirepoix, laissez cuire 5 min, puis mouillez avec le bouillon. Couvrez la cocotte, glissez-la dans le four, et laissez cuire 20 min. Réduisez alors la température à 160 °, thermostat 4, et prolongez la cuisson de 30 min. Retirez la cocotte du four et laissez reposer quelques instants.

Allumez le gril. Passez le fond de cuisson au chinois ; diluez la Maïzena dans une cuillerée d'eau froide, ajoutez-la au jus de cuisson, portez le tout à ébullition et retirez du feu dès le premier bouillon. Posez la viande sur une planche et tranchez-la. Dressez l'épaule découpée sur un plat de service allant au four, nappez-la avec la purée d'oignons réservée et passez-la 5 min sous le gril. Servez avec la sauce en saucière.

tour de main

Préparez la mirepoix à l'avance : lavez trois carottes, un blanc de poireau, un navet, pelez un oignon, puis détaillez le tout en petits dés. Faites chauffer une noix de beurre dans une petite casserole, versez-y les légumes, deux feuilles de laurier, un brin de thym, salez, poivrez et laissez cuire 15 min, en remuant. Avant de faire revenir la viande, roulez-la, puis ficelez-la soigneusement avec de la ficelle de boucher.
Si la purée d'oignons est trop forte à votre goût, ajoutez-y une petite cuillerée de miel crémeux.

CUISINE MINCEUR
Ce plat est compatible avec un menu de régime. Accompagnez-le de petits légumes cuits à la vapeur (des haricots verts servis en garniture seront parfaits) – si besoin est, car l'épaule Soubise est déjà un plat assez complet.

CUISINE RAPIDE ET MICRO-ONDES
Réalisez la mirepoix au four à micro-ondes : préparez les légumes comme il est indiqué dans « Tour de main », mettez-les dans un plat creux, ajoutez les aromates, une cuillerée à soupe de vin blanc, couvrez, et faites-les cuire 10 min à puissance maximale, en remuant à mi-cuisson.
Ensuite, confectionnez la purée d'oignons. Dans un plat, faites fondre une noix de beurre 30 s, à puissance maximale. Mettez dedans les oignons hachés, laissez-les cuire à couvert 10 min, à même puissance, mouillez-les avec 15 cl de vin blanc, et repassez le plat au four jusqu'à évaporation du liquide. Ajoutez la crème, la moutarde, et laissez reposer la purée dans le four.

RECOMMANDATIONS
Servez avec cette épaule Soubise un vin rouge du Languedoc au goût prononcé, un saint-chinian par exemple. Choisissez des oignons rouges, plus doux que les blancs.

Ragoût d'agneau crétois

pour 6 personnes

- 1 kg d'agneau
- 1 tranche épaisse de jambon cru
- 1 petit oignon
- 1 gousse d'ail
- 1/2 verre de vin blanc sec
- 2 cuil. à s. de fromage
  de chèvre sec, râpé
- 2 œufs
- 2 cuil. à s. d'huile d'olive
- 1 cuil. à s. de jus de citron
- 1 bouquet de persil
- sel, poivre

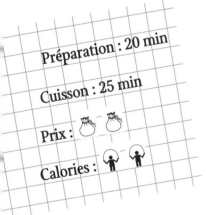

Préparation : 20 min

Cuisson : 25 min

Prix :

Calories :

96

Dégraissez la viande et coupez-la en cubes de la taille d'une bouchée. Salez et poivrez. Pelez l'ail et l'oignon et hachez-les. Faites-les revenir doucement dans l'huile, dans une sauteuse, sans leur laisser prendre couleur.

Ajoutez la viande dans la sauteuse, augmentez un peu le feu et faites dorer les morceaux de tous côtés. Arrosez-les avec le vin blanc, portez le liquide à ébullition et laissez bouillir quelques minutes. Coupez le jambon en lanières et ajoutez-le dans la sauteuse.

Couvrez et laissez mijoter sur feu doux pendant 20 min, en allongeant d'un peu d'eau chaude si nécessaire et en remuant de temps en temps. Pendant cette cuisson, mélangez dans une terrine les œufs, le fromage de chèvre râpé, le persil haché, du sel et du poivre. Battez cette préparation à la fourchette.

Lorsque la viande est cuite, ôtez la sauteuse du feu, ajoutez la préparation au fromage, mélangez très rapidement, et remettez le récipient sur feu doux 2 min, sans cesser de remuer. Arrosez le ragoût avec le jus de citron, mélangez et servez sans attendre.

tour de main

Il est important de mélanger très vivement le ragoût après y avoir ajouté la préparation au fromage, afin que les œufs ne prennent pas en formant des grumeaux. Pour plus de sûreté, vous pouvez laisser tiédir le ragoût avant de procéder à cet ajout. Remettez-le ensuite sur le feu jusqu'à ce qu'il frémisse, et laissez-le mijoter 2 min, sans cesser de remuer pendant tout le temps de chauffe.

CUISINE MINCEUR
Ce ragoût convient très bien à un menu de régime si vous remplacez le vin, riche en sucres rapides, par du bouillon maigre. Ainsi aménagé, le plat compte moins de 220 kcal par portion.

CUISINE RAPIDE ET MICRO-ONDES
Réaliser ce plat au four à micro-ondes nécessiterait de nombreuses manipulations et ne ferait guère gagner de temps sur une cuisson assez brève.

RECOMMANDATIONS
Il n'est pas facile de recommander un vin pour accompagner cette préparation acidulée. Idéalement, choisissez un retzina, vin blanc grec au parfum de résine très prononcé. A défaut, optez pour un vin blanc sec frais et léger, le même que celui utilisé dans la recette, par exemple un chablis. En garniture, servez un riz blanc et quelques demi-tomates arrosées d'huile d'olive, parsemées d'herbes et passées sous le gril.

**AGNEAU-
MOUTON**

Kebab en brochettes

pour 4 personnes

- 1 kg de viande d'agneau désossée maigre
- 1 poivron vert
- 1 gros oignon doux
- 1 citron
- 1 tomate
- 2 cuil. à s. d'huile d'olive
- 1 cuil. à s. de crème fraîche
- sel, poivre

Les ingrédients

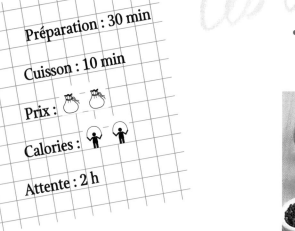

Préparation : 30 min

Cuisson : 10 min

Prix :

Calories :

Attente : 2 h

Pelez l'oignon et coupez-le en rondelles fines. Pressez le citron pour obtenir quatre cuillerées à café de jus. Versez-le dans un grand plat creux, ajoutez l'huile d'olive, du sel et du poivre, puis mélangez.

Mettez les rondelles d'oignon dans le récipient. Détaillez la viande en cubes d'environ 5 cm de côté, plongez-les dans la marinade et remuez afin de bien les en enrober. Laissez-les macérer 2 h à température ambiante ou bien 4 h dans le réfrigérateur. Faites chauffer le gril du four à puissance maximale.

Lavez la tomate et coupez-la en quartiers. Coupez le poivron vert en deux, épépinez-le et détaillez-le en dés de 2 cm de côté. Retirez la viande de la marinade et laissez-la égoutter un instant. Répartissez-la sur quatre piques en serrant bien les morceaux les uns contre les autres. A l'aide d'un pinceau, nappez-la de crème fraîche. Sur une pique supplémentaire, enfilez les légumes en les alternant.

Déposez les brochettes ainsi préparées sur la lèchefrite, en calant leurs extrémités sur les rebords de la plaque : les ingrédients ne doivent pas toucher le fond. Enfournez les brochettes à 10 cm du gril. Laissez-les cuire 10 min en les retournant fréquemment. Les légumes nécessitant un temps de cuisson légèrement plus court, sortez-les dès qu'ils sont à point.

tour de main

Ce plat s'accompagne de riz pilaf : faites chauffer le four à 180 °, thermostat 5. Faites blondir un oignon émincé dans une cocotte avec trois cuillerées à soupe d'huile. Ajoutez 300 g de riz brun à longs grains et remuez-le jusqu'à ce qu'il devienne translucide. Mouillez-le alors avec 50 cl de bouillon de bœuf, ajoutez un clou de girofle, une feuille de laurier, du sel, du poivre et de la noix muscade. Portez le bouillon à ébullition et terminez la cuisson dans le four chaud (180 °, thermostat 5) pendant 15 min. Avant de servir, retirez les aromates et incorporez une noix de beurre.

CUISINE MINCEUR

Ce plat est léger. Vous pouvez encore l'alléger en supprimant la crème fraîche (remplacez-la par du yaourt maigre). Préparez plus de brochettes de légumes et évitez le riz pilaf en garniture.

CUISINE RAPIDE ET MICRO-ONDES

Cuire les brochettes au four à micro-ondes ne présente aucun intérêt. En revanche, préparez-y le riz pilaf selon ce procédé, toute la cuisson étant menée à puissance maximale : versez l'huile dans un plat creux et faites chauffer pendant 1 min. Mettez dedans l'oignon émincé et laissez-le blondir 30 s. Ajoutez le riz, les aromates, le bouillon, couvrez et laissez cuire 15 min en remuant plusieurs fois au cours de la cuisson.

RECOMMANDATIONS

Servez avec le kebab un vin rouge algérien, ou encore un cahors. Les morceaux d'agneau nécessaires à la réalisation de ces brochettes peuvent provenir de la selle, de l'épaule ou bien du gigot. Le riz pilaf, suggéré en garniture, peut également être aromatisé d'ail, de ciboule, de curry, de cumin et de curcuma. Le mélange d'épices doit représenter environ deux cuillerées à soupe.

Bœuf

Bœuf mariné à l'orange

pour 4 personnes

- 1 kg de gîte de bœuf
- 1 l de bouillon de volaille
- 50 cl de vin blanc sec
- 10 cl de jus d'orange
- 150 g d'oignons
- 120 g de carottes
- 60 g de champignons de Paris
- 30 g de crème double
- 1 cuil. à s. d'huile d'olive
- 1 cuil. à c. de jus de citron
- 1 feuille de laurier
- sel, poivre

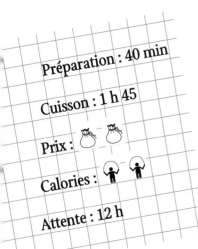

Préparation : 40 min

Cuisson : 1 h 45

Prix :

Calories :

Attente : 12 h

La veille, préparez la marinade. Lavez les carottes et les champignons, pelez-les et détaillez-les en petits cubes ; épluchez les oignons et coupez-les en rondelles. Mettez le tout dans un saladier, arrosez de vin blanc, de jus d'orange, de jus de citron et de la moitié de l'huile d'olive. Ajoutez la feuille de laurier, salez et poivrez.

Sur une planche de bois, coupez la viande en gros dés d'environ 3 cm de côté, puis plongez-les dans la marinade. Couvrez le saladier d'un linge ou d'un film extensible et mettez-le au réfrigérateur toute la nuit. Le lendemain, sortez légumes et viande de la marinade, et laissez-les égoutter durant quelques minutes.

Faites chauffer le reste d'huile d'olive dans une cocotte ; lorsqu'elle est chaude, faites revenir dedans les morceaux de viande. Retirez-les et réservez-les. Mettez les légumes dans la cocotte puis ajoutez-y les cubes de viande, recouvrez de marinade et portez à ébullition. Écumez, ajoutez le bouillon et, dès l'apparition du premier frémissement, baissez le feu et laissez mijoter 1 h 45.

A l'aide d'une écumoire, retirez la viande, déposez-la dans un plat de service creux et couvrez-la de papier d'aluminium pour la maintenir au chaud. Passez les légumes et le fond de cuisson au chinois, versez-les dans une casserole, ajoutez la crème double et portez à ébullition. Vérifiez l'assaisonnement, puis nappez la viande de cette sauce.

tour de main

Le temps de préparer la sauce, vous pouvez maintenir la viande recouverte de papier d'aluminium dans le four chauffé à 120 °, thermostat 2 – mais pas plus chaud, sinon la viande se dessécherait. Juste avant de servir, ajoutez à la sauce quelques quartiers d'orange débarrassés de leur peau pour accentuer la saveur aigre-douce et fruitée de la sauce.
Pour accélérer la préparation de la sauce, passez-la au mixeur avant de la tamiser au chinois.

CUISINE MINCEUR

Ce plat comporte un aliment sucré, l'orange. Aussi, supprimez les matières grasses : faites revenir d'abord la viande dans sa propre graisse, égouttez-la, puis mettez les légumes à saisir dans le fond de cuisson. Lorsque vous préparez la sauce, portez-la à ébullition après l'avoir passée au chinois, mais n'ajoutez pas de crème.

CUISINE RAPIDE ET MICRO-ONDES

La cuisson de ce plat se réalise très bien dans un autocuiseur : préparez les légumes et la viande, puis faites-les revenir en suivant la recette de base. Mouillez avec la marinade, portez à ébullition, écumez, puis ajoutez le bouillon. Fermez l'autocuiseur et cuisez 30 min à partir de la première rotation de la soupape. Hors du feu, laissez s'échapper la vapeur, ouvrez la cocotte et sortez la viande. Passez les légumes et le jus au chinois, puis terminez la sauce comme il est indiqué dans la recette de base.

RECOMMANDATIONS

Servez avec un bordeaux rouge classique, délicat et nerveux, comme un pauillac.
Accompagnez cette viande de petites pommes de terre bien fermes (rattes, rosevals ou violas), cuites à l'eau, ou d'une purée de céleri.

BŒUF

Tournedos flambés au calvados

pour 4 personnes

- 4 tournedos de 200 g chacun
- 4 pommes
- 75 g de beurre
- 1 citron
- 2 échalotes
- 2 cuil. à s. de cidre
- 1 cuil. à s. de crème fraîche
- 1 cuil. à s. de calvados
- 1/2 cuil. à c. de Maïzena
- 1 pincée de poivre de Cayenne
- sel

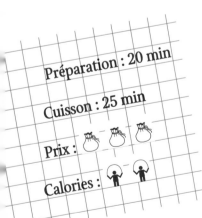

Préparation : 20 min

Cuisson : 25 min

Prix :

Calories :

Coupez le citron en deux et pressez-le. A l'aide d'un couteau économe, pelez les pommes, divisez-les en quartiers puis ôtez-en le cœur et les pépins ; détaillez les quartiers en fines lamelles, arrosez-les d'un filet de jus de citron et remuez-les afin que tous les morceaux soient également imbibés.

Pelez les échalotes et hachez-les finement. Faites fondre une grosse noix de beurre dans une poêle, de préférence à revêtement antiadhésif, et mettez les échalotes à revenir jusqu'à ce qu'elles deviennent translucides. Ajoutez alors les pommes émincées et laissez-les dorer 10 min à feu modéré, en remuant fréquemment.

Lorsque les pommes sont presque cuites, mouillez avec le cidre, portez à ébullition et gardez les fruits au chaud. Dans une seconde poêle, faites chauffer une noix de beurre (gardez 20 g de beurre pour monter la sauce) et saisissez dedans les tournedos environ 3 à 4 min sur chaque face. Arrosez-les de calvados et flambez-les.

Garnissez le fond du plat de service de pommes chaudes et dressez dessus les tournedos. Délayez la Maïzena dans une cuillerée d'eau froide, versez-la dans la poêle avec la crème fraîche et, à la spatule, grattez le fond. Portez à ébullition, puis baissez le feu et incorporez, par petites noisettes, le reste du beurre. Saupoudrez de poivre de Cayenne, salez, mélangez et nappez-en les tournedos.

tour de main

Afin de bien monter la sauce au beurre, introduisez celui-ci par petites quantités sans cesser de battre au fouet à main.
Vous pouvez servir des rösti en accompagnement : des pommes de terre râpées, dorées, cuites à la poêle, comme une galette.

CUISINE MINCEUR

Ce plat, qui allie sucres et graisses, est tout à fait déconseillé dans un menu de régime. Supprimez les corps gras de la préparation : faites cuire les échalotes et les pommes à feu doux et à couvert dans leur propre jus avec une cuillerée d'eau en remuant souvent, puis ajoutez le cidre. Quant à la viande, saisissez-la dans une poêle très chaude, flambez-la et réalisez une sauce claire avec le jus de cuisson et du fond de veau.

CUISINE RAPIDE ET MICRO-ONDES

Préparez la compote dans le four à micro-ondes, en le faisant toujours fonctionner à puissance maximale : pelez les échalotes et émincez-les. Pelez également les pommes, épépinez-les et coupez-les en fines lamelles. Dans un plat creux couvert de papier absorbant, faites fondre une noix de beurre 45 s. Ajoutez les échalotes et laissez-les revenir 2 min en remuant à mi-cuisson. Ajoutez les pommes et faites-les cuire 8 min, puis mouillez-les avec le cidre. Portez à ébullition et laissez reposer la compote à couvert pendant la préparation de la viande.

RECOMMANDATIONS

Servez ces tournedos avec un bon cidre brut, qui se marie fort bien avec le calvados.
Pour réaliser la compote de pommes, choisissez la reinette en automne et en hiver, la cox-orange à la fin de l'hiver et au printemps, et la braeburn de Nouvelle-Zélande en été.
Choisissez de préférence des échalotes grises : elles sont plus goûteuses que les roses.

BŒUF

Côte de bœuf maître d'hôtel

pour 6 personnes

Préparation : 15 min

Cuisson : 30 min

Prix :

Calories :

Attente : 3 h

- 1 belle côte de bœuf de 1,8 kg
- 125 g de beurre fin
- 1/2 citron
- 1 bouquet de persil plat
- huile
- sel, poivre

Les ingrédients

4 h avant de mettre à cuire la côte de bœuf, préparez le beurre maître d'hôtel. *L*avez, puis hachez finement le persil. *P*ressez le citron. *A*vec une fourchette, malaxez le beurre en pommade, ajoutez les herbes, le jus de citron et assaisonnez en sel et en poivre. *F*aites refroidir 30 min.

*P*renez un morceau de papier d'aluminium ou de film étirable, déposez dedans le beurre refroidi mais encore un peu mou, roulez en forme de gros boudin et placez au réfrigérateur pendant 3 h pour que le beurre soit ferme. *F*aites également refroidir la coupelle qui servira à présenter le beurre.

*F*aites chauffer le four à 200 °, thermostat 6. *H*uilez légèrement la côte de bœuf et poivrez-la. *D*éposez-la ensuite sur la grille du four. *P*osez la grille au-dessus d'une plaque pour en recueillir le jus de cuisson. *F*aites cuire la viande 20 min, sortez-la et allumez aussitôt le gril. *G*rillez la viande 5 min sur chaque face.

*R*etirez la côte de bœuf du four, salez-la et laissez-la reposer, bien enveloppée dans du papier d'aluminium, environ 10 min. *S*ortez le beurre et coupez-le en rondelles de 1 cm d'épaisseur. *S*ervez la côte de bœuf avec, à part, le beurre dans la coupelle refroidie.

tour de main

Pour couper facilement le beurre maître d'hôtel, trempez le couteau prévu à cet effet dans de l'eau très chaude.

Vous pouvez remplacer le persil par la même quantité de cerfeuil, de ciboulette, d'estragon, d'échalotes hachées ou par une cuillerée de crème d'anchois. Utilisez des herbes fraîches.

La côte de bœuf se sert généralement saignante. Si vous souhaitez la manger à point, laissez-la 10 min de plus au four avant de la passer sous le gril.

CUISINE MINCEUR

Ce plat n'est pas trop calorique à condition de limiter la quantité de beurre maître d'hôtel. Comptez 257 kcal pour 100 g de côte de bœuf.

Au lieu de servir avec des pommes de terre cuites au four, présentez plutôt une salade verte en accompagnement. Accommodez-la d'une simple vinaigrette.

CUISINE RAPIDE ET MICRO-ONDES

La côte de bœuf étant un morceau de viande de bonne taille, il est déconseillé de la faire cuire au four à micro-ondes. Il serait difficile d'en contrôler la cuisson. Vous pouvez, en revanche, y faire cuire les pommes de terre : choisissez-les de même taille, lavez-les, piquez-les à la fourchette, enveloppez-les dans du film spécial micro-ondes, rangez-les en cercle sur une assiette puis faites-les cuire 15 min à pleine puissance en les retournant à mi-cuisson.

RECOMMANDATIONS

Servez avec un beaujolais-villages ou un chinon.

Accompagnez soit de pommes de terre cuites au four, enrobées dans du papier d'aluminium (choisissez des belles de Fontenay), soit de pommes chips tièdes.

Décorez le plat de cresson.

Queue de bœuf au vin blanc

pour 4 personnes

- 4 tronçons de queue de bœuf d'environ 300 g chacun
- 250 g de couenne de lard
- 1 pied de veau
- 1 bouteille de vin blanc sec
- 25 cl de fond de veau
- 2 carottes
- 1 gros oignon
- 1 gousse d'ail
- 1 bouquet garni
- sel, poivre

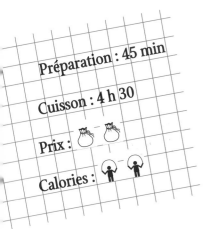

Préparation : 45 min

Cuisson : 4 h 30

Prix :

Calories :

Demandez au boucher de tronçonner une partie de queue de bœuf en conservant la peau. Choisissez un morceau placé dans la base de la queue. Faites-lui également désosser le pied de veau. Pelez les carottes, l'oignon et l'ail, et émincez-les.

Faites chauffer le four à 180 °, thermostat 5. Dans une cocotte, déposez les couennes de lard, le pied de veau désossé, les carottes, l'oignon et l'ail. Disposez par-dessus les morceaux de queue de bœuf et ajoutez le bouquet garni. Laissez suer et prendre légèrement couleur, à feu moyen, pendant 10 min.

Mouillez avec le vin blanc et le fond de veau à hauteur (tous les morceaux doivent être immergés). Assaisonnez avec le sel et le poivre. Couvrez la cocotte et placez-la dans le four. Faites cuire pendant 4 h.

Sortez la cocotte du four. Retirez les tronçons de queue, laissez réduire le fond à feu vif pendant 5 min, puis passez-le au chinois. Faites sauter les morceaux de bœuf dans la cocotte pendant 10 min environ, pour finir de les saisir, jetez la graisse, posez-les sur un plat et nappez-les avec la sauce. Vérifiez l'assaisonnement. Servez chaud.

tour de main

Pour un fond de veau : mettez à colorer au four 1 kg de jarret pour 2 kg d'os concassés. Dans une cocotte, mettez 100 g de carottes et 100 g d'oignons émincés, un bouquet garni, les os et le jarret ; ajoutez 1 cl d'eau et laissez réduire, puis mouillez avec 2 l d'eau. Portez à ébullition, écumez et salez. Laissez cuire 2 h, puis passez le contenu de la cocotte à travers un linge humide. Avant que le liquide ne soit totalement refroidi, filtrez-le de nouveau à travers le linge.

CUISINE MINCEUR

Veillez à dégraisser le plat avec soin : après avoir passé le fond au chinois, laissez-le refroidir et filtrez-le à travers un linge humide. Utilisez du fond de veau déshydraté qui est moins calorique que celui fait maison.

CUISINE RAPIDE ET MICRO-ONDES

Posez, dans un grand plat creux possédant un couvercle, les carottes, l'oignon, l'ail, le tout émincé, les couennes de lard et le pied de veau désossé. Disposez les tronçons de queue de bœuf dessus, et mettez à cuire à puissance maximale 5 ou 6 min, en remuant. Mouillez avec le vin blanc et le fond de veau, ajoutez le bouquet garni, du sel et du poivre, et faites cuire à puissance moyenne 1 h, à couvert. Retirez les morceaux de viande et dégraissez le fond passé au chinois. Assaisonnez et laissez réduire. Faites réchauffer la viande 2 ou 3 min à pleine puissance avec la sauce. Laissez reposer 10 min.

RECOMMANDATIONS

Servez avec un vin blanc sec, de préférence le même que celui utilisé pour la réalisation du plat, par exemple un graves. Accompagnez de légumes frais (carottes et navets en botte, petits oignons grelots) et de pommes de terre, cuits à la vapeur. A défaut de fond de veau fait maison, utilisez du fond de veau déshydraté.

Veau

VEAU

Carré de veau aux champignons

pour 4 personnes

les ingrédients

- 4 côtes de veau en un seul morceau
- 300 g de champignons frais
- 1 tasse de bouillon
- 1/2 verre de vin blanc
- 1 gousse d'ail
- 1 bouquet de persil
- sel, poivre

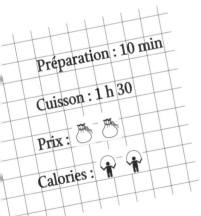

Préparation : 10 min

Cuisson : 1 h 30

Prix :

Calories :

Parez les champignons et lavez-les. Essuyez-les, puis émincez-les. Pelez la gousse d'ail et laissez-la entière. Mettez le carré de veau dans une sauteuse ainsi que les champignons et l'ail.

Placez le récipient sur feu très doux, afin que les champignons perdent leur eau. Salez et poivrez la viande et les légumes, et poursuivez la cuisson quelques instants.

Arrosez avec le vin blanc, portez à ébullition, puis baissez le feu, couvrez et laissez mijoter 10 min. Découvrez alors la sauteuse, versez-y le bouillon et couvrez de nouveau. Laissez cuire le carré 1 h 30 en tout.

Juste avant la fin de la cuisson, lavez le persil et hachez-le. Découvrez la viande, faites réduire la sauce sur feu moyen si nécessaire, puis arrêtez le feu, retirez la gousse d'ail, parsemez le carré de persil et servez sans attendre.

tour de main

Rincez les champignons rapidement, sans les laisser tremper. S'ils sont simplement sableux, essuyez-les avec un linge propre. Si la sauce vous semble un peu courte en cours de cuisson, ajoutez un peu de bouillon, en prenant soin de verser le liquide à côté de la viande. Si vous appréciez la saveur de l'ail, vous pouvez obtenir une sauce relevée en versant le jus dans le bol d'un mixeur à travers un chinois, en récupérant la gousse d'ail et en la joignant au jus. Mixez bien, reversez la sauce dans la sauteuse, portez à ébullition 1 min. C'est prêt.

CUISINE MINCEUR

Cette recette peut s'intégrer telle quelle à un menu de régime. Pour la parfaire, supprimez le vin, source de sucres rapides, et remplacez-le par une quantité équivalente de bouillon. Choisissez des légumes verts en garniture : des haricots verts par exemple.

CUISINE RAPIDE ET MICRO-ONDES

La viande de veau sèche facilement au four à micro-ondes. De surcroît une pièce de cette taille comportant des os ne cuirait pas régulièrement. Si vous voulez gagner du temps, préférez l'autocuiseur, et réduisez le temps de cuisson de moitié.

RECOMMANDATIONS

Offrez le même vin blanc qui a servi à la cuisson : un sancerre ou bien, moins sec, un graves. En garniture, choisissez des haricots verts et du riz. La recette est ici présentée avec des champignons de Paris, mais vous pouvez choisir des pleurotes, des chanterelles ou des girolles, pour une version plus luxueuse de ce plat, ou bien des shitakés, champignons de bois succulents, très utilisés au Japon, et que l'on commence à trouver sur nos marchés.

VEAU

Ragoût de veau en Cocotte-Minute

pour 4 personnes

- 600 g de veau dans la noix
- 300 g de pommes de terre
- 300 g de carottes
- 50 g de beurre
- 1 verre de bouillon
- 1/2 verre de vin blanc
- 2 côtes de céleri
- 1 oignon
- persil
- farine
- sel, poivre

Les ingrédients

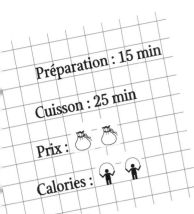

Préparation : 15 min

Cuisson : 25 min

Prix :

Calories :

Coupez la viande en cubes. Dans une terrine, mélangez la farine, du sel et du poivre. Passez les morceaux de veau dans ce mélange. Faites fondre le beurre dans la Cocotte-Minute, puis faites-y revenir les cubes de viande.

tour de main

Laissez toujours s'échapper la vapeur par le bouchon avant d'ouvrir la cocotte. Prenez garde de ne pas placer votre visage au-dessus du récipient au moment de l'ouverture, un peu de vapeur brûlante s'en échappe toujours.
Faites dorer les cubes de viande sur toutes leurs faces, cela corsera agréablement le ragoût.

Lorsqu'ils sont dorés, mouillez-les avec le vin. Augmentez le feu pour amener rapidement à ébullition. Dès que le vin s'est évaporé, salez et poivrez.

CUISINE MINCEUR

S'il n'y avait les pommes de terre, assez caloriques et riches en glucides, cette recette serait très convenable dans un régime minceur, car la noix de veau est une viande maigre. Remplacez les pommes de terre par des navets ou des brocolis. Réduisez la quantité de beurre. Comptez environ 260 kcal par portion.

Ajoutez alors le bouillon chaud, remuez, puis fermez la cocotte, et comptez 15 min de cuisson après le premier chuchotement de la vapeur.

CUISINE RAPIDE ET MICRO-ONDES
Cette recette à la cocotte est très rapide, et vous ne gagnerez guère de temps en utilisant le four à micro-ondes, qui vous obligerait à multiplier les manipulations.

RECOMMANDATIONS
Servez avec le même vin blanc que celui qui a servi à faire la sauce, un sancerre ou un muscadet, selon votre goût, ou encore un graves.
Choisissez une viande de très bonne qualité si vous voulez obtenir un ragoût savoureux et tendre : un veau fermier ou « élevé sous la mère », de préférence.
La noix est un morceau de choix, assez onéreux, qui peut éventuellement être remplacé par des morceaux moins chers ; demandez conseil à votre boucher.

Ensuite, ouvrez l'autocuiseur, mettez-y tous les légumes, épluchés, lavés et coupés en morceaux, salez et poivrez. Fermez la cocotte, baissez le feu au premier sifflement, puis comptez encore 10 min de cuisson. Servez sans attendre.

VEAU

Veau à la tsarine

pour 4 personnes

- 1 rôti de veau de 1 kg environ
- 2 tomates
- 1 carotte
- 1 oignon
- 1 filet d'huile
- sauge
- romarin
- sel, poivre

POUR LA SAUCE :

- 1 noix de beurre
- 1 verre de lait
- 1 cuil. à s. de farine

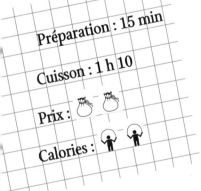

Préparation : 15 min

Cuisson : 1 h 10

Prix :

Calories :

*P*elez et émincez l'oignon et la carotte. *P*elez les tomates, épépinez-les et hachez-les grossièrement. *F*aites chauffer un filet d'huile dans une poêle ou une sauteuse à revêtement antiadhésif. *S*alez et poivrez la viande, puis faites-la dorer de tous côtés.

*B*aissez le feu au minimum et ajoutez l'oignon et la carotte émincés, les tomates hachées. *C*ouvrez et laissez mijoter 30 min.

*A*u bout de ce temps, retournez la viande, ajoutez la sauge et le romarin, goûtez et rectifiez l'assaisonnement si nécessaire. *C*ouvrez et poursuivez la cuisson 30 min. *R*etirez alors la viande et gardez-la au chaud sur son plat de service dans le four allumé à 120 °, thermostat 2.

*A*joutez un demi-verre d'eau dans la sauce et laissez mijoter sur feu doux. *F*aites fondre le beurre dans une petite casserole, jetez-y la farine en pluie en remuant et ajoutez le lait sans cesser de remuer. *D*ès que la sauce épaissit, versez-la dans le jus de cuisson de la viande. *R*emuez, portez à ébullition. *V*ersez la sauce dans une saucière et portez la viande à table, accompagnée de la sauce.

tour de main

Ne laissez pas blondir la farine lors de la réalisation de la sauce. Ajoutez le lait par petites quantités. Prenez la peine de le faire tiédir un peu avant de le verser sur la farine : vous éviterez plus sûrement les grumeaux. Si vous voulez une sauce parfaitement lisse, passez-la au chinois au-dessus de la saucière.

CUISINE MINCEUR

Seule la farine nuit à ce tableau presque parfait. Pour épaissir la sauce, procédez comme suit : faites tiédir le lait, ajoutez-y un jaune d'œuf et mélangez vivement. Versez le tout dans le jus de cuisson et faites chauffer sur feu doux sans cesser de remuer.

CUISINE RAPIDE ET MICRO-ONDES

La viande doit dorer : saisissez-la à la poêle, puis transvasez-la dans un plat allant au four à micro-ondes. Ajoutez les légumes, couvrez d'un film plastique perforé et faites chauffer 10 min à puissance maximale. Retournez la viande, ajoutez les herbes, recouvrez avec le plastique et faites chauffer 13 min à puissance maximale. Laissez reposer 5 min.

RECOMMANDATIONS

Ce plat s'accommodera aussi bien d'un vin blanc que d'un vin rouge : choisissez, pour changer, un tokay de Hongrie en blanc. En rouge, pensez à un bourgueil ou un chinon.
Pour accompagner ce savoureux plat en sauce, des pâtes fraîches ou du riz conviendront fort bien. Le rôti de veau, s'il n'est pas d'excellente qualité, devient facilement sec et insipide à la cuisson. Choisissez, dans la mesure du possible, un veau « fermier » ou « élevé sous la mère ».

Porc

PORC

Rôti de porc aux quatre sauces

pour 4 personnes

- 1,2 kg de rôti de porc dans le filet
- 6 œufs
- 50 cl d'huile de tournesol
- 100 g de feuilles de thym séché
- 60 g de câpres
- 50 g de crème d'anchois
- 5 cuil. à s. de moutarde forte
- 1 crépine de porc
- 1 verre de vin blanc sec
- 1/2 citron
- 1 brin de romarin

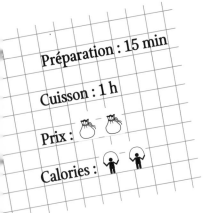

Préparation : 15 min

Cuisson : 1 h

Prix :

Calories :

120

Demandez au boucher de ficeler la viande en rôti. Faites chauffer le four à 200 °, thermostat 6. Enduisez le rôti de moutarde et roulez-le dans les feuilles de thym. Enveloppez le tout dans la crépine. Disposez le rôti dans un plat creux et enfournez.

Laissez cuire la viande 20 min, puis arrosez-la avec la moitié du vin blanc sec. Poursuivez la cuisson 40 min. Pendant ce temps, faites cuire quatre œufs durs 10 min. Préparez un gros bol de mayonnaise avec deux jaunes d'œufs, une cuillerée à soupe de moutarde et l'huile. Quand les œufs sont cuits, rafraîchissez-les dans de l'eau froide.

Séparez la mayonnaise en trois ramequins. Dans le premier, ajoutez les câpres légèrement écrasées entre les doigts et le jus du demi-citron. Effeuillez le romarin, brisez les feuilles menu et ajoutez-les, avec un peu de thym, dans le deuxième ramequin. Laissez la mayonnaise nature dans le troisième. Placez ces trois sauces au réfrigérateur jusqu'au moment de servir.

Cinq minutes avant la fin de la cuisson, versez le reste du vin blanc sur la viande et déglacez le plat. La cuisson terminée, éteignez le four et maintenez-y le rôti pendant 10 min. Coupez-le ensuite en tranches épaisses et que vous envelopperez dans du papier d'aluminium. Écalez les œufs durs, écrasez les jaunes dans la sauce de cuisson passée au chinois, puis mélangez-y les blancs émiettés grossièrement.

tour de main

Sortez le rôti de porc du réfrigérateur au moins 2 h avant de l'accommoder : la chair sera plus moelleuse et dégagera toutes ses saveurs. Cela est particulièrement indiqué si vous utilisez le four à micro-ondes.

Le choix du rôti est important pour la régularité de la cuisson. Prenez une pièce pas trop étroite et bien cylindrique, qui cuira de manière égale.

CUISINE MINCEUR

La mayonnaise étant déconseillée dans le cadre d'un régime minceur, préparez pour chaque sauce un fond de mayonnaise légère : mixez, pendant 3 min, 150 g de fromage blanc maigre, le jus d'un demi-citron et le jaune d'un œuf dur émietté avec une cuillerée à soupe de moutarde – la même que celle utilisée pour badigeonner la viande ; salez et poivrez. Divisez la mayonnaise obtenue en trois parts et aromatisez comme il est indiqué dans la recette.

CUISINE RAPIDE ET MICRO-ONDES

Placez dans le four à micro-ondes un plat brunisseur. Faites-le chauffer à puissance maximale pendant 3 min, mettez-y une cuillerée à café de saindoux, puis le rôti apprêté. Couvrez le plat et passez-le au four 10 min à puissance moyenne. Déglacez avec le vin blanc et comptez encore 15 min de cuisson à puissance moyenne.

RECOMMANDATIONS

Servez un bourgogne rouge, un vin de la Côte de Nuits ou un saint-nicolas-de-bourgueil. Évitez les viandes trop rouges, qui proviennent d'un animal âgé. La viande de porc est riche en vitamine B1, rare dans l'alimentation et fort utile pour lutter contre la fatigue. De plus, les graisses du porc favorisent la baisse du taux de cholestérol « nocif ».

PORC

Colombo de porc

pour 4 personnes

- 800 g de porc dans l'épaule
- 6 tomates
- 6 gousses d'ail
- 2 oignons
- 4 cuil. à s. d'huile
- 1 cuil. à c. de colombo
- 1 tronçon de gingembre frais
- sel

Préparation : 10 min

Cuisson : 30 min

Prix :

Calories :

Coupez le porc en gros cubes. Pelez et hachez les tomates. Pelez et pilez l'ail au mortier. Pelez le gingembre et hachez-le en purée. Mélangez le gingembre, l'ail et une pincée de sel.

Pelez et émincez les oignons. Faites chauffer l'huile dans une cocotte. Quand elle est chaude, plongez dedans les morceaux de viande. Ils doivent dorer sur toutes leurs faces. Ajoutez les oignons et faites-les également revenir.

Mettez l'ail et le gingembre pilés, ajoutez les tomates et laissez la préparation rougir. Versez le colombo. La sauce doit se colorer fortement.

Faites prendre couleur et couvrez d'eau juste à hauteur. Laissez cuire à petits frémissements pendant environ 30 min. Servez aussitôt.

tour de main

Transformez le colombo en sauce en plat « sec », en ne mettant de l'eau qu'à mi-hauteur pour la cuisson et en ajoutant, 10 min avant la fin de la cuisson, 200 g de raisins secs. Accompagnez le colombo de riz blanc, cuit à la créole. Comptez deux volumes d'eau pour un de riz, salez à mi-cuisson et faites bouillir à petits frémissements pendant 20 min. Couvrez d'un torchon et d'une assiette pour faire gonfler les grains pendant 5 min.

CUISINE MINCEUR

La viande de porc, avec une teneur en lipides de 25 %, est considérée comme une viande grasse – encore que ses graisses soient polysaturées et donc favorables à la diminution du cholestérol. Remplacez-la par une viande maigre comme du poulet (5 % de teneur en lipides, sans la peau).
Accompagnez ce plat de légumes braisés, navets, carottes ou petits pois.

CUISINE RAPIDE ET MICRO-ONDES

La cuisson au four à micro-ondes est parfaitement adaptée au riz blanc. Ajoutez une demi-mesure d'eau en plus et cuisez à pleine puissance pendant 20 min. Attendez quelques minutes avant de sortir le plat du four pour que les grains de riz gonflent.

RECOMMANDATIONS

Servez un vin peu corsé, un tavel gris ou un gros-plant.
Le colombo est une sorte de curry peu épicé, très utilisé aux Antilles françaises. Ne pas confondre avec les racines de colombo, également présentes dans ces régions, d'origine africaine, qui servent à fabriquer des boissons tonifiantes. Vous pouvez réaliser un repas exotique en complétant le colombo par un chutney à la mangue, du citron confit et des achards de légumes. Prévoyez également un gâteau de patates douces et des bananes frites.

PORC

Rôti de porc mariné

pour 6 personnes

- 1,400 kg de porc dans le filet
- 1 chou rouge
- 50 cl de vin blanc sec
- 5 cuil. à s. d'huile
- 1 cuil. à c. de fécule de pomme de terre
- 1 cuil. à c. de concentré de tomates
- 2 gousses d'ail
- 1 oignon
- 1 côte de céleri
- 1 carotte
- 1 brin de romarin
- 3 feuilles de sauge
- 1 clou de girofle
- 1 pincée de cumin
- 3 grains de poivre blanc
- sel, poivre

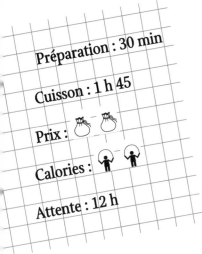

Préparation : 30 min

Cuisson : 1 h 45

Prix :

Calories :

Attente : 12 h

Piquez la viande de part en part avec un couteau pointu, sur une profondeur d'environ 2 cm. *Pelez* une gousse d'ail et hachez-la finement avec les aiguilles du romarin. *Ajoutez* un peu de sel, et introduisez ce mélange dans les ouvertures que vous avez pratiquées dans la viande. *Pelez* tous les légumes, sauf le chou, et coupez-les en fine julienne.

Placez la viande dans une terrine avec la julienne de légumes et tous les aromates. *Recouvrez*-la avec le vin et laissez-la mariner 12 h, en la retournant de temps en temps. *Au* bout de ce temps, sortez la viande de sa marinade. *Retirez* également le clou de girofle. *Faites* chauffer l'huile dans une sauteuse, et faites-y dorer la viande de tous côtés. *Salez* et poivrez.

Ajoutez la fécule dans la marinade, que vous passerez au mixeur. *Versez* ce mélange sur la viande, par petites quantités. *Avant* d'ajouter la dernière partie de la marinade, incorporez-y le concentré de tomates. *Mélangez*, couvrez la sauteuse et laissez mijoter la viande 1 h sur feu doux. *Pendant* ce temps, parez et lavez le chou rouge, puis coupez-le en fines lanières.

Ajoutez le chou dans la sauteuse et poursuivez la cuisson, toujours à couvert et sur feu doux, 40 min. *Sortez* alors la viande et coupez-la en tranches ; remettez les tranches à chauffer quelques minutes dans le récipient, puis éteignez le feu et transvasez le tout sur un plat de service, en disposant les tranches de viande sur un lit de chou et de sauce. *Servez* sans attendre.

tour de main

Couper en julienne consiste simplement à tailler les légumes en petits dés ou en lanières. Ici, réduisez-les en dés très petits, ou même hachez-les grossièrement. Prenez soin d'ôter le germe central de la gousse d'ail, indigeste, avant cette opération.

Tailler un chou en lanière est une opération longue et un peu fastidieuse. Installez le légume sur une large planche à découper, coupez-le d'abord en quartiers, puis chaque quartier en lanières, si possible à l'aide d'un grand couteau bien aiguisé (un couteau à pain de qualité peut convenir).

CUISINE MINCEUR

Le seul problème – mais il est de taille – c'est le vin. Il apporte une quantité importante de sucres rapides. Vous ne pouvez guère le supprimer sans modifier radicalement la recette. Supprimez en tout cas la fécule de pomme de terre et servez-vous modestement en sauce. L'utilisation d'un récipient à revêtement antiadhésif vous permettra de réduire la quantité d'huile.

CUISINE RAPIDE ET MICRO-ONDES

Seule la lente cuisson traditionnelle permet à la sauce de réduire doucement en s'imprégnant des sucs de cuisson.

RECOMMANDATIONS

Servez un vin rouge, un vin de Bergerac par exemple, ou, dans un autre esprit, un vin de Bourgogne, comme un volnay. La viande de porc doit être rose, assez ferme et sans trace d'humidité, sa graisse ferme et blanche. Une viande blanchâtre et mouillée provient d'un porc d'élevage industriel. Elle deviendra sèche et insipide à la cuisson. A l'inverse, une viande rouge est la chair d'un animal âgé. Elle risque d'être assez coriace.

Poissons

Flétan sauce avocat

pour 4 personnes

- 4 darnes de flétan de 250 g chacune
- 300 g d'avocat (1 gros ou 2 moyens)
- 50 cl de court-bouillon
- 3 citrons verts
- 1 citron jaune
- 1 piment oiseau vert ou Tabasco
- huile d'olive
- coriandre fraîche
- sel de mer
- poivre du moulin

Les ingrédients

Préparation : 20 min

Cuisson : 10 min

Prix :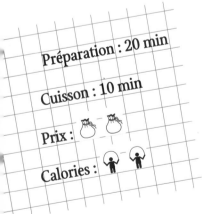

Calories :

Rincez les tranches de flétan sous de l'eau froide sans enlever la peau, nécessaire pour «tenir» la chair lors de la cuisson. Épongez-les soigneusement dans du papier absorbant. Versez dans un faitout large et pas trop profond le court-bouillon froid, placez-y les darnes côte à côte : elles doivent être entièrement immergées.

Couvrez le faitout, et mettez-le sur feu moyen ; le bouillon doit juste frémir. Le poisson est cuit au bout de 8 à 10 min, quand sa chair se détache sans peine, sans être encore molle. Pendant ce temps, ouvrez en deux, dénoyautez et pelez avec soin l'avocat, puis hachez la chair avec une fourchette. Pressez un citron vert et arrosez aussitôt avec le jus la purée obtenue.

Ajoutez-y une pointe de piment ou de Tabasco (attention, très peu de condiment suffit pour développer les arômes), deux cuillerées d'huile d'olive, du sel et un tour de moulin à poivre. Mélangez vigoureusement. Sortez délicatement les tranches de flétan avec une écumoire, retirez-en la peau, et disposez-les sur un plat de service chaud.

Coupez les citrons jaune et verts en rondelles de même épaisseur. Décorez le tour du plat en alternant deux tranches de citron vert avec une de citron jaune. Retaillez à moitié quatre rondelles dans l'épaisseur, puis disposez-les sur les darnes de flétan, en écartant l'une de l'autre les deux parties sectionnées. Servez le poisson chaud, accompagné de la sauce verte, saupoudrée de coriandre ciselée.

tour de main

Soignez la présentation du plat, car une tranche de poisson blanc cuit au court-bouillon n'est souvent guère appétissante, même si son goût est délicieux et sa préparation avantageuse sur le plan diététique. De nombreux poissons à chair blanche peuvent se prêter à cette recette : colin, cabillaud, lieu... Achetez selon la marée et la fraîcheur des pièces proposées.

CUISINE MINCEUR

L'avocat est un fruit – donc sucré – riche en matières grasses ; aussi est-il préférable de le supprimer. Remplacez la sauce par une préparation plus légère, comme un hachis de tomates, d'ail, de gingembre et de citron vert par exemple, ou une purée de concombre mélangée avec du yaourt à 0 % de matières grasses, bien relevée au poivre de Cayenne ou avec quelques gouttes de Tabasco.

CUISINE RAPIDE ET MICRO-ONDES

Réalisez la recette comme il est indiqué, mais dans un plat couvert d'un film plastique étirable, percé de quelques trous de fourchette. Faites chauffer le poisson 6 min à pleine puissance dans le four à micro-ondes. Laissez-le reposer 3 min avant de le sortir du four.

RECOMMANDATIONS

Servez un barsac ou, si vous préférez un vin blanc plus sec, un riesling ou un blanc de blanc de Cassis.
Le flétan est un poisson assez rare, mais la finesse de sa chair vaut que vous ne manquiez pas l'occasion d'en acheter quand elle se présente.
Pour savoir si un avocat est mûr à point, saisissez-le à pleine main et secouez-le doucement. Si vous sentez ou entendez le noyau central bouger, c'est que le fruit est mûr. Évitez d'acheter un avocat s'il présente des marbrures.

Terrine de saumon et de sole

pour 8 à 10 personnes

- 400 g de filet de sole
- 300 g de filet de saumon frais
- 2 blancs d'œufs
- 3 dl de crème fraîche
- 1 bouquet de persil
- 1 noix de beurre
- sel, poivre

Les ingrédients

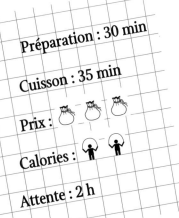

Préparation : 30 min

Cuisson : 35 min

Prix :

Calories :

Attente : 2 h

130

Coupez les filets de saumon en morceaux, puis passez-les au mixeur. Versez la purée obtenue dans une terrine, ajoutez un blanc d'œuf, salez et poivrez, puis mélangez. Séparez la moitié des filets de sole en deux dans le sens de la longueur. Beurrez un moule rectangulaire, puis tapissez-le en disposant les filets de sole en travers, afin qu'ils débordent de part et d'autre.

Coupez les filets de sole restants en morceaux et passez-les au mixeur. Mettez la purée dans une terrine avec le blanc d'œuf restant, le persil haché, du sel et du poivre. Mélangez. Laissez reposer les préparations au réfrigérateur 1 h. Puis, montez la crème en chantilly et incorporez-en une moitié dans chaque purée de poisson. Placez la préparation au saumon dans une poche à douille lisse et dessinez deux boudins au fond du moule.

Étalez ensuite une couche de mélange à la sole sur toute la surface du moule, puis dessinez de nouveau deux boudins de préparation au saumon. Couvrez avec le reste de préparation à la sole et terminez avec une couche de préparation au saumon. Rabattez les filets de sole. Faites chauffer le four à 180 °, thermostat 5.

Couvrez la terrine avec un morceau de papier sulfurisé. Placez le moule dans un plat rempli d'eau à mi-hauteur, puis placez ce bain-marie dans le four chaud pendant 35 min. Sortez le moule du four et laissez-le refroidir. Placez-le ensuite au réfrigérateur pendant 1 h. Au moment de servir, passez une lame fine le long des parois du moule et démoulez la terrine sur un plat de service.

tour de main

Vous pouvez utiliser un moulin à légumes à défaut de mixeur. Incorporez la chantilly à la purée de poisson très délicatement, en soulevant le mélange. Goûtez la préparation et rectifiez l'assaisonnement en sel et en poivre si nécessaire.

CUISINE MINCEUR

Cette terrine est un peu grasse (chair du saumon et crème fraîche), mais elle n'apporte pas le moindre glucide : vous pouvez donc tout à fait la servir dans le cadre d'un régime minceur, à condition d'éviter absolument la consommation de glucides au cours du repas. Servez-la avec une salade mélangée ou des crudités (mais pas de carottes ni de betteraves, trop sucrées), assaisonnées avec un jus de citron et un filet d'huile d'olive.

CUISINE RAPIDE ET MICRO-ONDES

Le temps de chauffe étant relativement bref, préférez le four traditionnel, dont la cuisson lente et douce convient parfaitement à cette terrine.

RECOMMANDATIONS

Servir avec un bon vin blanc servi frais : un châteauneuf-du-Pape blanc, un vouvray un peu âgé, ou encore un grand riesling.
Cette terrine doit être présentée bien froide en entrée, ou en plat principal, avec une salade mêlée bien relevée. Du mesclun si vous en trouvez, ou un mélange que vous ferez vous-même de scarole, trévise, rougette, feuille de chêne, roquette, pissenlit, pourpier, quelques brins de cerfeuil... Pour l'assaisonnement, préférez le jus de citron au vinaigre, et l'huile d'olive à toute autre.

Raie au beurre noir

pour 6 personnes

• 1,5 kg de raie
POUR 2 L DE COURT-BOUILLON :
• 1 carotte
• 1 oignon
• 1 bouquet garni
• le zeste de 1 citron
• le vert de 1 fenouil
• 25 g de gros sel
• 8 grains de poivre
POUR LE BEURRE NOIR :
• 200 g de beurre • 5 cuil. à s. de câpres
• 1/2 verre de vinaigre de vin blanc
• 4 cuil. à s. de persil haché • sel, poivre

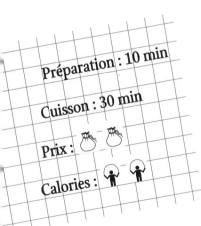

Préparation : 10 min

Cuisson : 30 min

Prix :

Calories :

Lavez les quartiers de raie et placez-les dans un faitout. Pelez la carotte et l'oignon, émincez-les et versez-les dans le récipient. Ajoutez tous les ingrédients du court-bouillon, couvrez d'eau froide et mettez à feu moyen jusqu'au point d'ébullition. Baissez aussitôt le feu, et laissez frémir 15 à 20 min.

Égouttez la raie, laissez-la refroidir quelques minutes et retirez-en la peau délicatement. Coupez aux ciseaux le bord des ailes. Déposez ensuite le poisson sur un linge pour l'égoutter complètement, allumez le four à 160 °, thermostat 4, et enfournez la raie enveloppée dans le torchon et posée sur un plat.

Dans une grande poêle, faites chauffer le beurre jusqu'à ce qu'il atteigne une couleur ambrée. Ajoutez alors le vinaigre et les câpres, en prenant garde aux éclaboussures. Procédez plutôt hors du feu, en faisant couler les ingrédients sur le bord de la poêle.

Sortez la raie du four et introduisez à la place un plat de service pour le préchauffer. Mettez le poisson dans la poêle, salez, poivrez, ajoutez le persil et retournez les morceaux. Disposez-les aussitôt sur le plat de service et servez sans attendre.

tour de main

Le beurre dit « noir » ne doit en fait jamais le devenir. S'il dépasse la couleur noisette, il devient âcre et indigeste.

Vous pouvez aussi cuire la raie, la disposer sur un plat de service tenu au chaud et l'arroser simplement de beurre noir.

Pour relever l'acidité du beurre, ajoutez le jus d'un citron au dernier moment, et servez le poisson avec des demi-citrons.

CUISINE MINCEUR

Remplacez le beurre par une sauce légère aux câpres. Délayez une cuil. à s. de farine dans de l'eau froide. Ajoutez 20 cl de lait écrémé, et faites épaissir à feu doux en remuant. Une cuil. à c. de moutarde, deux cuil. à s. de câpres au vinaigre, salez, poivrez, et laissez cuire 1 min. Nappez avec la sauce et saupoudrez de persil haché.

CUISINE RAPIDE ET MICRO-ONDES

Pour préparez la raie au four à micro-ondes, faites comme suit : lavez la raie, et placez les morceaux tête-bêche dans un plat, peau brune sur le dessus. Cuisez 6 min, à pleine puissance. Retirez la peau sombre, retournez les quartiers, peau claire sur le dessus. Cuisez à nouveau 3 min à pleine puissance. Retirez la peau blanche. Replacez les morceaux pelés dans le plat, répartissez le beurre à la surface, salez, poivrez, ajoutez les câpres et le vinaigre, et faites cuire 2 min à pleine puissance.

Si le four n'est pas équipé d'un plateau tournant, faites pivoter le plat d'un demi-tour à mi-cuisson, lors des deux premières phases.

RECOMMANDATIONS

Servez un vin blanc de la vallée du Rhône, comme un château-grillet ou un hermitage.

Accompagnez de pommes de terre cuites à l'eau ou à la vapeur.

Si vous ne pouvez pas préparer un court-bouillon maison, utilisez un sachet de court-bouillon tout prêt.

Lotte à l'américaine

pour 6 personnes

- 750 g de queue de lotte
- 50 cl de vin blanc
- 1 verre d'huile d'olive
- 1/2 verre de court-bouillon
- 15 cl de cognac
- 1 oignon
- 2 cuil. à s. de concentré de tomates
- 2 cuil. à s. de farine
- le zeste de 1 citron
- 2 gousses d'ail
- 2 clous de girofle
- 1 pincée de noix muscade râpée
- sel, poivre

Préparation : 25 min

Cuisson : 50 min

Prix :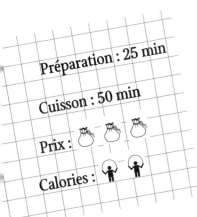

Calories :

Coupez la queue de lotte en tronçons de 5 cm de largeur et farinez-les. Faites chauffer l'huile dans une sauteuse. Plongez dedans les morceaux de poisson et faites-les revenir pendant 8 min. Salez et poivrez.

tour de main

La lotte de mer est vendue étêtée sous le nom de queue de lotte, pratiquement toujours présentée sans la peau. Faites-la débiter en morceaux. Pour que le flambage soit réussi, l'alcool doit être très chaud : chauffez-le préalablement dans une casserole et versez-le brûlant sur la pièce à flamber.

Faites chauffer 5 cl de cognac dans une petite casserole. Versez-le sur le poisson que vous flamberez. Inclinez la sauteuse en tous sens pour que l'alcool brûle entièrement. Éteignez le feu, égouttez les morceaux de lotte et réservez-les sur une assiette, sous une feuille d'aluminium. Râpez le zeste de citron.

CUISINE MINCEUR

Vous pouvez intégrer ce plat dans un menu régime, sous réserve d'y apporter quelques modifications : utilisez un récipient de cuisson à revêtement anti-adhésif, réduisez la quantité d'huile à deux cuillerées à soupe et supprimez la farine. Prévoyez un verre de court-bouillon supplémentaire et allongez légèrement le temps de cuisson de la sauce afin qu'elle réduise.

Glissez un plat de service dans le four allumé à 140 °, thermostat 3. Versez le jus de cuisson dans une casserole, joignez le vin blanc, le reste du cognac, le concentré de tomates, les épices, le zeste de citron râpé et le court-bouillon. Pelez et hachez l'ail et l'oignon, puis incorporez-les dans la sauce. Laissez-la cuire pendant 30 min à petit feu.

CUISINE RAPIDE ET MICRO-ONDES

Vous pouvez cuisiner la lotte dans le four à micro-ondes à puissance maximale : préchauffez un plat brunisseur pendant 6 min. Nappez le fond d'huile, disposez le poisson dedans et faites cuire 4 à 5 min en le remuant deux fois. Retirez la lotte et réservez-la. Préparez la sauce de manière traditionnelle. Au dernier moment, remettez le poisson dans le plat brunisseur, nappez-le de sauce et refaites-le cuire 2 min en remuant une fois.

Ajoutez alors les morceaux de lotte réservés, mélangez délicatement et poursuivez la cuisson du poisson pendant 15 min à feu doux. Sortez le plat de service du four, disposez le poisson dedans, nappez-le de sauce et servez bien chaud.

RECOMMANDATIONS
Servez avec ce plat classique un châteauneuf-du-pape blanc.
La lotte est un poisson à chair très fine qui résiste bien à la cuisson. Elle ne se défait pas et reste extrêmement savoureuse. Elle ne comporte qu'une seule grosse arête centrale qui se retire facilement une fois le poisson cuit. Pour la présentation du plat, saupoudrez la lotte d'herbes aromatiques hachées et accompagnez-la d'une couronne de riz blanc nature.

Daurade et rougets à la grecque

pour 4 personnes

- 1 daurade de 800 g environ
- 2 gros rougets
- 4 cuil. à s. d'huile d'olive
- 1 verre de vin blanc sec
- 2 tomates
- 1 citron
- 2 clous de girofle
- 1 bouquet de persil
- 1 brin de romarin
- 1 brin de thym
- 1 feuille de laurier
- sel, poivre

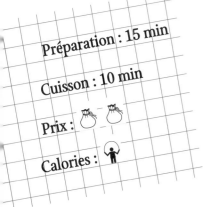

Préparation : 15 min

Cuisson : 10 min

Prix :

Calories :

Faites chauffer le four à 190°, thermostat 5-6. Parez les poissons si le poissonnier ne l'a pas fait, coupez-leur la tête et la queue et lavez-les soigneusement. Levez les filets de la daurade et divisez-les en deux dans le sens de la longueur. Ouvrez les rougets en deux et retirez l'arête centrale. Lavez tous les filets.

Lavez le persil, le thym et le romarin et hachez-les ensemble. Rincez le laurier. Pressez le citron. Pelez les tomates, épépinez-les et concassez-les grossièrement. Versez deux cuillerées à soupe d'huile dans un plat et déposez-y les filets de poissons, en alternant rouget et daurade. Salez, poivrez.

Arrosez-les avec le vin, parsemez-les d'herbes hachées et joignez-y la feuille de laurier et les clous de girofle. Versez le jus de citron par-dessus.

Terminez avec la chair de tomate et arrosez avec le reste d'huile. Glissez le plat dans le four et faites cuire les poissons 10 min. Répartissez ensuite les filets dans des assiettes individuelles, versez du jus de cuisson par-dessus et servez sans attendre.

tour de main

Pour parer les poissons, écaillez-les et retirez leurs nageoires. Ouvrez le ventre et videz-le. Nettoyez les poissons à l'intérieur et à l'extérieur. Pour levez les filets, tranchez la chair du poisson le long de l'arête centrale, puis glissez la lame le long des arêtes en soulevant la chair. Pour peler les tomates sans difficulté, plongez-les 1 min dans l'eau bouillante, puis passez-les sous l'eau froide.

CUISINE MINCEUR

Cette recette convient parfaitement à un menu de régime. Réduisez un peu la quantité d'huile. Vous pouvez même placer les filets de poissons dans quatre papillotes et supprimer l'huile pendant la cuisson. Ajoutez un mince filet d'huile d'olive crue dans votre assiette.

CUISINE RAPIDE ET MICRO-ONDES

Vous pouvez faire cuire ces filets de poissons au four à micro-ondes, 5 min à puissance maximale.

RECOMMANDATIONS

Offrez avec cette recette estivale un retzina, vin blanc grec à la forte saveur de résine. A défaut, choisissez un vin blanc très fruité, un pouilly-fuissé par exemple. Pour simplifier la préparation de cette recette, demandez au poissonnier de lever les filets pour vous. Mais assurez-vous qu'il le fait devant vous, et évitez d'acheter des filets déjà découpés, dont la fraîcheur n'est pas toujours garantie.

Filets de turbot au gratin

pour 4 personnes

- 800 g de filets de turbot prêts à cuire
- 100 g de beurre
- 5 cuil. à s. de crème fraîche
- 2 dl de vin blanc sec
- 2 tomates
- 1 gousse d'ail
- persil
- thym
- ciboulette
- sel, poivre

POUR LE BOUILLON :

- 500 g de parures de poissons variés
- 1 oignon
- persil
- 1 feuille de laurier
- 1 petite carotte
- le jus de 1/2 citron
- sel, poivre

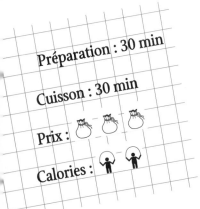

Préparation : 30 min

Cuisson : 30 min

Prix :

Calories :

Préparez le bouillon. Mettez les parures dans une casserole avec l'oignon et la carotte pelés et émincés, du sel et du poivre. Arrosez avec le jus de citron et placez sur feu doux 10 min. Couvrez d'eau à hauteur, joignez le persil et le laurier et portez lentement à ébullition. Laissez frémir 20 min, en écumant régulièrement. Éteignez le feu.

Pelez les tomates, épépinez-les et hachez-les avec les herbes aromatiques. Salez, poivrez et réservez. Transvasez 2 dl de bouillon dans une casserole, versez le vin blanc par-dessus et joignez la gousse d'ail pelée et hachée. Portez ce mélange à ébullition et faites-le réduire de moitié sur feu modéré. Ajoutez alors la crème fraîche et mélangez. Coupez le beurre en dés et incorporez-le petit à petit en fouettant sans cesse la préparation.

Lorsque la sauce nappe la cuillère, ajoutez le hachis de tomates aux herbes et mélangez. Réservez. Faites chauffer le four à 200 °, thermostat 6. Filtrez le bouillon restant et faites-y pocher les filets de turbot 8 min. Égouttez-les et disposez-les dans un plat à gratin.

Nappez-les avec la sauce et glissez le plat dans le four. Laissez cuire le gratin 15 min environ, jusqu'à ce que la surface soit bien dorée. Servez aussitôt dans le plat de cuisson.

tour de main

Pour peler facilement les tomates, plongez-les 1 min dans l'eau bouillante, puis passez-les sous l'eau froide : la peau se retire sans difficulté.
Montez la sauce au beurre à la cuillère en bois ou au fouet. Il est important d'ajouter le beurre dé par dé, sans jamais cesser de battre : une émulsion crémeuse doit se former.

CUISINE MINCEUR

Ce plat est assez riche en matières grasses. Il est néanmoins difficile de l'alléger sans le transformer, car la sauce doit être montée au beurre. Remplacez la sauce de la recette par la préparation suivante : battez cinq cuillerées à soupe de crème fraîche allégée avec trois cuillerées à soupe de bouillon et deux cuillerées à soupe de parmesan. Ajoutez le hachis de tomates et d'herbes et versez le mélange sur les filets de poissons. Faites gratiner 15 min.

CUISINE RAPIDE ET MICRO-ONDES

Le four à micro-ondes ne convient guère pour cette recette. Vous gagneriez peu de temps, et de nombreuses manipulations seraient nécessaires.

RECOMMANDATIONS

Servez avec ce gratin le même vin blanc sec que vous avez utilisé dans la recette : un entre-deux-mers par exemple, ou un sylvaner. Le turbot est l'un des meilleurs poissons que l'on trouve sur le marché. Sa chair blanche et ferme est très savoureuse. C'est aussi un poisson très onéreux. Vous pouvez éventuellement remplacer les filets de turbot par d'autres filets de poisson blanc : sole, daurade, merlan, cabillaud, etc. Le riz long est l'accompagnement idéal de ce gratin. Si vous le choisissez complet, il sera plus riche en fibres et en vitamines.

Saumon frais à la canadienne

pour 4 personnes

- 2 grandes tranches de saumon d'environ 300 g chacune
- 200 g de crème fraîche
- 200 g de champignons de Paris
- 60 g de beurre
- 1/2 oignon
- 1 poignée de mie de pain
- lait
- 1 bouquet de persil
- sel, poivre

les ingrédients

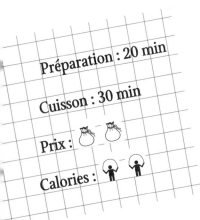

Préparation : 20 min

Cuisson : 30 min

Prix :

Calories :

140

Faites chauffer le four à 200 °, thermostat 6. Émincez l'oignon et faites-le blondir dans 40 g de beurre. Pendant ce temps, faites tremper la mie de pain dans un peu de lait légèrement tiédi, puis essorez-la et déposez-la dans une terrine. Coupez le pied terreux des champignons, lavez ces derniers et coupez-les en lamelles. Ajoutez-les dans la terrine.

Lavez le persil, équeutez-le et hachez-le. Ajoutez-en la moitié dans la terrine et mélangez. Dès que l'oignon commence à blondir, versez-le avec son jus de cuisson dans la terrine. Salez, poivrez, et mélangez bien. Beurrez un plat à gratin, disposez-y une tranche de saumon et couvrez-la avec la farce aux champignons.

Étalez la farce de façon à obtenir une couche à peu près plane. Disposez la seconde tranche de poisson par-dessus. Faites chauffer la crème dans une petite casserole, salez-la et poivrez-la.

Au premier bouillon, versez-la sur le saumon. Parsemez la surface de quelques coquilles de beurre, puis glissez le plat dans le four. Laissez cuire le poisson 30 min, en l'arrosant régulièrement avec son jus de cuisson. Sortez-le du four, parsemez-le avec le reste de persil haché et servez.

tour de main

Lavez les champignons très rapidement sous l'eau fraîche. Ne les laissez surtout pas tremper, car ils deviendraient spongieux et insipides. S'ils sont juste sableux, contentez-vous de les essuyer avec un linge propre.

CUISINE MINCEUR

Supprimez la crème fraîche et les coquilles de beurre, et mouillez simplement le saumon avec un peu de bouillon maigre.

CUISINE RAPIDE ET MICRO-ONDES

Mettez le poisson dans un plat adapté au four à micro-ondes. Couvrez-le avec la crème, glissez le plat dans le four et faites chauffer trois fois 3 min à pleine puissance, en arrosant le poisson de sa sauce à chaque interruption.

RECOMMANDATIONS

Servez avec cette recette savoureuse un vin blanc fruité, comme un gewurtztraminer ou un pouilly-fumé.
Si vous ne trouvez pas de darnes de saumon suffisamment grandes, prenez-en quatre et faites deux « saumons farcis » en divisant la farce. Il est d'ailleurs préférable de ne pas choisir de darnes provenant d'un très gros poisson, trop âgé en général pour que sa chair ait gardé la finesse souhaitable.

Crustacés
et coquillages

Rougail de crabes

pour 4 personnes

- 1 kg de favouilles ou étrilles
- 1 kg de tomates
- 1 oignon
- 3 gousses d'ail
- 1 racine de gingembre fraîche
- 1 piment oiseau
- huile d'olive
- sel
- quelques grains de poivre vert

Les ingrédients

Préparation : 20 min

Cuisson : 35 min

Prix :

Calories :

Plongez 30 s les tomates dans une grande quantité d'eau bouillante, puis passez-les aussitôt sous de l'eau froide. Pelez-les et épépinez-les. Coupez-les en gros quartiers. Dégagez les gousses d'ail de leur enveloppe, enlevez le germe central, et coupez-les en lamelles un peu épaisses.

Épluchez l'oignon et coupez-le en rondelles très fines. Mettez celles-ci dans un faitout avec une grosse cuillerée à soupe d'huile d'olive. Faites-les revenir sans les laisser prendre couleur, à feu moyen. Ajoutez l'ail, tournez 1 min avec une cuillère en bois, puis ajoutez les tomates. Salez et couvrez. Laissez réduire pendant 20 min.

Essuyez les petits crabes. Pelez la racine de gingembre, (sectionnez les parties filandreuses), et râpez-la avec une râpe à fromage moyenne. Ajoutez les copeaux de gingembre à la sauce tomate en fin de cuisson, ainsi qu'une pointe de piment oiseau.

Jetez les crabes dans la sauce tomate, mettez le faitout sur feu doux, couvrez-le et laissez mijoter la préparation pendant 15 min. Ajoutez le poivre vert et stoppez aussitôt la cuisson. Gardez le rougail au chaud jusqu'au moment de le servir.

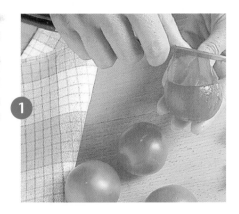

tour de main

Pour donner plus de saveur au rougail, vous pouvez écraser deux ou trois crabes avec le plat d'un couteau et les mettre en même temps que les autres dans le faitout. Remuez pendant la cuisson pour que les sucs des crustacés se mélangent à la sauce tomate. Faites toujours très attention lorsque vous introduisez du piment dans un plat : une faible quantité relève le goût d'une préparation, mais une quantité excessive de condiment risque de tuer les saveurs.

CUISINE MINCEUR

Cette recette trouve parfaitement sa place dans un régime hypocalorique, à condition que vous utilisiez très peu d'huile pour commencer la sauce tomate.

Les étrilles et les favouilles sont des crustacés riches en protéines et en sels minéraux, mais très pauvres en calories.

CUISINE RAPIDE ET MICRO-ONDES

Préparez la sauce tomate au fond d'un autocuiseur selon la recette, fermez le couvercle et comptez 8 à 10 min de cuisson à partir de la reprise du chuchotement de la vapeur.

Ajoutez les crabes, le gingembre et le piment, refermez le couvercle, et remettez à cuire 6 à 8 min à la vapeur. Laissez refroidir hors du feu, sans évacuer la vapeur, pour garder à la préparation toutes ses saveurs.

RECOMMANDATIONS

Servez un vin rouge corse du nord de l'île, comme un patrimonio, au goût de terroir prononcé, ou bien un mercurey de Bourgogne. Ce rougail de crabes peut être proposé en plat principal, avec un riz blanc cuit à la créole ou accompagner un curry de poisson, avec d'autres rougails.

Les mêmes petits crabes portent le nom de favouilles en Méditerranée, et d'étrilles dans la Manche et l'océan Atlantique.

Moules à la catalane

pour 4 personnes

- 2 l de moules d'Espagne
- 4 tomates
- 2 aubergines
- 2 oignons
- 2 gousses d'ail
- huile d'olive
- 4 g de safran en filaments
- chapelure
- sel

Préparation : 30 min

Cuisson : 30 min environ

Prix :

Calories :

Pelez et épépinez les tomates et coupez-les en quartiers. Ôtez le pédoncule des aubergines et lavez-les. Épluchez l'ail, enlevez le germe central et émincez finement les gousses. Pelez les oignons et coupez-les en lamelles assez fines. Versez dans une poêle une bonne cuillerée d'huile d'olive, faites-la chauffer et ajoutez-y les oignons.

Faites revenir doucement les oignons à feu moyen, en évitant qu'ils ne se colorent. Lavez et brossez les moules à grande eau. Jetez-les dans un large faitout, et faites-les ouvrir à feu vif en secouant le faitout. Sortez les coquillages ouverts au fur et à mesure. Détachez et jetez les coquilles supérieures, et disposez les demi-moules, sur une seule épaisseur, dans un ou deux plats allant au four.

Dans la poêle, ajoutez l'ail aux oignons, puis les tomates en quartiers ; coupez les aubergines en petits cubes de 1 cm, joignez-les aux légumes, salez, et laissez réduire 15 min à feu moyen. Retirez la poêle du feu, ajoutez dedans le safran et mixez les légumes. Répartissez la sauce obtenue dans les moules, à raison d'une cuillerée à café par coquillage.

Allumez le gril du four. Saupoudrez de chapelure les moules farcies et enfournez-les 10 min sous le gril, le temps que la chapelure forme une croûte. Si vous avez deux plats, passez-les successivement sous le gril, en les maintenant au chaud, à tour de rôle, dans le bas du four. Servez bien chaud.

tour de main

Les moules sont le plus souvent issues d'un milieu vaseux, il faut donc toujours penser à les laver soigneusement et surtout à bien les brosser. En revanche, ne les laissez jamais tremper, elles risqueraient de perdre toute leur saveur.
Quand vous faites ouvrir les moules à feu vif, retirez-les du faitout au fur et à mesure qu'elle s'ouvrent afin que leur cuisson soit homogène. Éliminez toutes celles qui refusent de s'ouvrir.
Vous pouvez utiliser la lèchefrite du four en guise de grand plat.

CUISINE MINCEUR
Avec 36 kcal pour 100 g, les moules sont une aubaine pour les adeptes d'un régime. D'autant plus que ces fruits de mer sont de véritables trésors en oligo-éléments.
Dans cette recette, seule la chapelure est à éliminer.

CUISINE RAPIDE ET MICRO-ONDES
Mettez un plat à chauffer dans le four à micro-ondes sur puissance maximale, pendant 3 min. Posez les moules entières, et fermées, sur le fond du plat, sans sur-charger. Couvrez, et chauffez pendant 2 min à puissance maximale. Retirez les coquillages qui se sont ouverts, et recommencez l'opération une ou deux fois, mais pas plus. Vous pouvez, au fur et à mesure, remettre de nouvelles moules sur le plat, pour les faire ouvrir.

RECOMMANDATIONS
Il existe d'excellents vins rouges de Catalogne, fruités et légers. Mais vous pouvez servir un côte-rôtie de la vallée du Rhône. Faire cuire les moules trop longtemps les rendraient caoutchouteuses.
En cas de doute sur leur fraîcheur, assurez-vous que les moules sont encore vivantes en y déposant une goutte de citron. Les mollusques doivent se rétracter.

Langouste à la comorienne

pour 4 personnes

- 2 langoustes vivantes de 600 à 800 g
- 4 œufs
- 150 g de crème fraîche
- 60 g de beurre
- 1 gousse de vanille fraîche
- sel
- poivre de Cayenne

Les ingrédients

Préparation : 10 min

Cuisson : 20 min

Prix :

Calories :

Fendez la gousse de vanille en trois lanières dans le sens de la longueur. Mettez-la dans un bol avec la crème fraîche et remuez de temps en temps. Grattez avec une pointe de couteau l'intérieur de la gousse, de manière à détacher les grains noirs.

Tranchez les langoustes en deux, dans le sens longitudinal, avec un couteau très aiguisé. Rangez les quatre moitiés dans un plat à rôtir, côté carapace vers le plat. Salez la chair, et saupoudrez-la légèrement de poivre de Cayenne. Mettez dessus de fines tranches de beurre, et passez le plat au gril du four pendant 5 min.

Retournez les demi-langoustes et faites griller les carapaces pendant 5 min ; posez le plat assez près du gril pour que les carapaces durcissent bien, sans toutefois brûler. Séparez les blancs des jaunes d'œufs, et montez deux blancs en neige ferme.

Mélangez vigoureusement une dernière fois la crème fraîche et la vanille, puis sortez la gousse en l'essuyant entre deux doigts de manière à en récupérer tous les sucs. Incorporez à cette préparation quatre jaunes d'œufs, puis les deux blancs en neige. Retournez de nouveau les langoustes, carapaces vers le bas. Répartissez sur la chair le mélange vanillé. Remettez le plat 10 min sous le gril, mais assez loin cette fois de la source de chaleur.

tour de main

Ce ne sont pas les graines contenues dans la gousse de vanille qui apportent le plus d'arôme, mais les cristaux de vanilline qui se forment à la surface du fruit et qui lui donnent son aspect givré.
Trancher une langouste vivante n'est pas à la portée de tout le monde : si vous avez la main qui tremble, demandez au poissonnier de le faire pour vous. Dans ce cas, vous devez réaliser la recette dans l'heure qui suit.

CUISINE MINCEUR

Remplacez la crème fraîche par de la crème allégée ou par du fromage blanc à 0 % de matières grasses, auquel vous ajouterez 50 g de lait en poudre écrémé. Étalez la préparation vanillée sur les queues de langouste, et nappez-la avec une noix de beurre fondu mélangé à un jus de citron.

CUISINE RAPIDE ET MICRO-ONDES

Vous pouvez faire cuire les queues de langouste au four à micro-ondes, pendant 5 min, à puissance maximale, mais vous devrez ensuite passer les crustacés enduits de crème vanillée sous le gril. Pour une cuisson rapide, mettez les queues de langouste non fendues dans le panier à vapeur de l'autocuiseur, ajoutez un fond d'eau et comptez 5 min de cuisson à partir de la reprise du chuchotement de la vapeur. Ensuite, coupez-les en deux, et versez dessus la préparation vanillée avant de les passer sous le gril.

RECOMMANDATIONS

Servez un vin blanc très sec pour compenser la saveur un peu douceâtre de la vanille. Choisissez un bergerac ou un bandol.
La langouste rouge – la « royale » – de Bretagne et surtout de Méditerranée est la meilleure.

CRUSTACÉS-
COQUILLAGES

Estouffade de pétoncles

pour 4 personnes

Les ingrédients

- 1 kg de pétoncles
- 1 kg d'épinards frais
- 50 cl de vin rouge
- 50 g de crème fraîche
- 1 pied de fenouil
- 1 racine de gingembre frais
- gros sel de mer
- huile d'olive

Préparation : 10 min

Cuisson : 40 min

Prix :

Calories :

Coupez les deux côtes extérieures du pied de fenouil, sectionnez les jeunes pousses de feuilles et réservez-les. Émincez finement le fenouil. Mettez-le dans une grande sauteuse avec un peu d'huile d'olive. Fermez le couvercle de la sauteuse, et laissez le fenouil fondre à feu doux 10 à 15 min.

Ajoutez les pétoncles, posez par-dessus les jeunes pousses de feuilles de fenouil et salez au gros sel. Couvrez la sauteuse. Faites cuire les pétoncles à l'étouffée et à feu doux pendant 4 min, puis versez dessus le vin rouge, mélangez bien et portez à ébullition. Retirez les pétoncles avec une écumoire et réservez-les à couvert.

Faites réduire le vin 5 à 10 min avant d'ajouter la crème fraîche. Laissez frémir 6 min. Versez cette sauce sur les pétoncles et replacez le couvercle. Lavez et triez soigneusement les feuilles d'épinards, enlevez les queues trop épaisses. Pelez la racine de gingembre, coupez-la en tranches fines et placez-la dans la sauteuse avec un peu d'huile.

Chauffez à feu moyen, déposez par-dessus les feuilles d'épinard et couvrez. Laissez étuver 4 à 6 min en baissant le feu au minimum. Versez les pétoncles et la sauce au vin sur les épinards sans mélanger. Couvrez et faites réchauffer 3 min au moment de servir.

tour de main

Le vin rouge à employer pour lier la sauce doit être franc et pas trop tannique. Choisissez un côtes-du-rhône ou un vin de Touraine.
La cuisson des pétoncles doit être rapide. Dès qu'ils sont tous ouverts, sortez-les de la sauteuse.
Ne conservez pas les épinards frais plus de 24 h. Pour réussir la cuisson, ne comptez pas plus de 3 ou 4 min à feu moyen si les feuilles tendres (vert clair) sont majoritaires : elles doivent rester légèrement croquantes.

CUISINE MINCEUR

N'utilisez pas de crème fraîche et coupez le vin de moitié avec de l'eau. Cette préparation est un cocktail de bienfaits : elle contient beaucoup de sels minéraux et de vitamines.

CUISINE RAPIDE ET MICRO-ONDES

Mettez les rondelles de fenouil dans le panier d'un autocuiseur, faites cuire 5 min à partir de la reprise du chuchotement de la vapeur, ajoutez les pétoncles et comptez 1 min de cuisson quand reprend le chuchotement de la vapeur. Préparez une réduction de vin rouge et de crème fraîche dans une casserole sur feu doux, versez-la sur les pétoncles et le fenouil et réservez. Faites cuire les épinards à l'autocuiseur pendant 5 min à partir de la reprise de la vapeur. Servez dans les assiettes, en posant les pétoncles au fenouil et au vin sur un lit d'épinards.

RECOMMANDATIONS

Offrez un blanc sec de la région de Bordeaux comme un entre-deux-mers, ou bien un blanc de blanc de Cassis.
Les pétoncles sont de vraies petites coquilles Saint-Jacques, en plus savoureux.
Vous pouvez remplacer les épinards par de l'oseille ou même des blancs de poireaux. En ce cas, augmentez sensiblement le temps de cuisson.

Brochettes de Saint-Jacques

pour 4 personnes

- 250 g de noix de coquilles Saint-Jacques
- 300 g de courgettes
- 250 g de gros champignons de couche
- 1/2 poivron rouge
- 1/2 poivron vert
- 30 g de miel de lavande
- le jus de 1 citron vert
- 1 cuil. à s. de vinaigre balsamique
- 1 cuil. à s. d'huile d'amandes
- 10 g de sel

Préparation : 25 min

Cuisson : 10 min

Prix :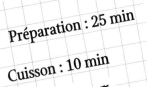

Calories :

Mélangez dans un bol le miel, le jus de citron vert et le vinaigre. Détachez le corail des noix de coquilles Saint-Jacques et tranchez la chair en deux rondelles égales. Pelez les champignons et coupez le pied terreux.

Trempez les tranches de Saint-Jacques, les coraux entiers et les champignons entiers dans le bol de sauce. Enfilez-les sur des brochettes en bois en commençant par un champignon pris dans le sens longitudinal, puis une rondelle de Saint-Jacques dans le sens latéral, puis le corail dans sa partie la plus épaisse, et enfin une rondelle de Saint-Jacques et un champignon. Comptez deux noix par brochette.

Faites chauffer le gril du four, porte ouverte. Pelez les courgettes, râpez-les sur un gros tamis de façon à obtenir une julienne fine. Lavez les poivrons et retirez-en soigneusement toutes les graines. Découpez-les en petits cubes et ajoutez-les aux courgettes. Salez.

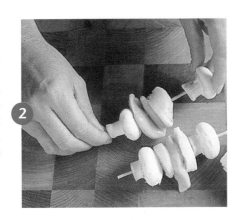

Faites chauffer l'huile d'amandes dans une poêle à revêtement antiadhésif, à feu doux, et versez dedans le mélange courgettes-poivrons. Laissez-le revenir 10 min en remuant de temps en temps. Pendant ce temps, disposez les brochettes dans un plat que vous placerez sous le gril pendant 4 min, en retournant les brochettes à mi-cuisson. Badigeonnez-les du reste de sauce dès la sortie du four. Servez-les sur le lit de légumes.

tour de main

N'employez surtout pas de brochettes métalliques qui donneraient un goût désagréable aux noix de coquilles Saint-Jacques. Veillez, en enfilant le corail sur les brochettes, à ne pas trop abîmer la membrane extérieure, qui pourrait se déchirer pendant la cuisson. Ne serrez pas les divers éléments sur chaque brochette. La cuisson ne serait pas régulière.

CUISINE MINCEUR
Réduisez le plus possible la quantité d'huile servant à faire revenir les courgettes, sans la supprimer complètement.
Dans la sauce des brochettes, remplacez le miel par une cuillerée à soupe de sauce de soja.

CUISINE RAPIDE ET MICRO-ONDES
Cette recette peut parfaitement se réaliser dans un four à micro-ondes. Mettez les brochettes dans un plat que vous glisserez au four. Comptez 2 min de cuisson de chaque côté, à puissance maximale. Pensez à utiliser des brochettes en bois.
Disposez le mélange courgettes-poivrons dans un plat en céramique, salez et couvrez. Mettez-le 6 min au four, à puissance maximale.

RECOMMANDATIONS
Servez un blanc-de-blanc de Cassis ou un riesling.
Faites décortiquer les noix de Saint-Jacques par le poissonnier, devant vous. Ne les achetez pas déjà préparées : elles proviennent souvent de coquilles peu fraîches. Des noix surgelées peuvent dépanner, à défaut de coquilles fraîches. Décongelez-les dans du lait, puis essuyez-les avec une feuille de papier absorbant. Choisissez des courgettes de petite taille, bien fermes et présentant une peau brillante.

Calmars à la triestine

pour 4 personnes

- 600 g de petits calmars
- 100 g de tomates pelées au jus égouttées
- 2 gousses d'ail
- 4 cuil. à s. d'huile
- quelques brins de persil
- sel, poivre

Les ingrédients

Préparation : 10 min

Cuisson : 10 min

Prix :

Calories :

154

Nettoyez les calmars : séparez les tentacules des corps, retirez les peaux interne et externe, rincez-les soigneusement, égouttez-les et essuyez-les. Hachez grossièrement les tentacules après les avoir également rincés.

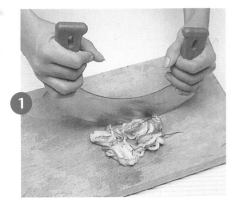

Hachez la chair des tomates et réservez-la. Pelez l'ail, lavez et égouttez le persil, puis hachez-les et ajoutez-les aux tentacules de calmars, après avoir réservé une pincée de persil haché. Salez et poivrez, puis mélangez soigneusement.

A l'aide d'une cuillère, farcissez tous les calmars de ce mélange, en tassant un peu de manière que chaque calmar soit bien gonflé. Fermez les calmars à l'aide d'une petite pique en bois.

Faites chauffer l'huile dans une grande poêle et faites-y revenir les calmars 2 ou 3 min sur chaque face. Ajoutez la pulpe de tomate et le persil restant, salez, poivrez et faites cuire encore 5 min. Disposez les calmars sur un plat de service chaud et portez à table.

tour de main

Pour fermer les calmars, des cure-dents en bois feront parfaitement l'affaire.
Ne dépassez pas les temps de cuisson indiqués, sans quoi les calmars deviendraient secs et caoutchouteux.

CUISINE MINCEUR

Pour obtenir une recette parfaitement adaptée à l'esprit minceur, utilisez une poêle à revêtement antiadhésif et réduisez la quantité d'huile.
Les fruits de mer et crustacés sont des aliments riches en sels minéraux, oligo-éléments et protéines, et pauvres en graisses. Ils nous apportent tous les bienfaits de la mer.

CUISINE RAPIDE ET MICRO-ONDES
Préférez la cuisson traditionnelle pour cette recette très rapide.

RECOMMANDATIONS
Servez avec un entre-deux-mers. Choisissez des calmars de petite taille. Comme tous les produits de la mer, les calmars doivent être consommés rigoureusement frais. Il est préférable de choisir ceux qui proviennent d'une zone que l'on sait peu polluée : essayez donc de connaître leur région d'origine.

Pâtes et riz

Macaronis aux petits légumes

pour 4 personnes

- 400 g de petits macaronis ou de rigatonis
- 70 g de lard de poitrine demi-sel
- 2 courgettes
- 150 g de tomates olivettes
- 1 bulbe de fenouil
- 1 oignon
- 30 g de beurre
- 3 cuil. à s. d'huile
- 3 cuil. à s. de parmesan râpé
- 1 gousse d'ail
- 1 brin de romarin
- 4 feuilles de sauge
- sel, poivre

Préparation : 20 min

Cuisson : 20 min

Prix :

Calories :

Les ingrédients

Lavez les tomates, plongez-les 1 min dans l'eau bouillante, rincez-les sous l'eau froide, puis pelez-les et coupez-les en julienne en éliminant les pépins. Pelez et hachez l'oignon. Faites-le revenir dans une petite casserole avec deux cuillerées à soupe d'huile. Ajoutez la julienne de tomate, mélangez et laissez cuire sur feu assez vif.

Pendant ce temps, faites chauffer le reste d'huile dans une seconde casserole. Faites-y revenir le lard coupé en lardons et l'ail haché avec le romarin et la sauge. Lavez et parez le fenouil, coupez-le en fines lamelles, que vous ajouterez dans la casserole.

Ajoutez également les courgettes lavées et coupées en dés. Mélangez bien et laissez cuire 15 min. Portez à ébullition une grande casserole d'eau salée et plongez-y les macaronis. Vérifiez que les tomates forment une sauce dense sans brûler. Éventuellement, arrêtez la cuisson et réservez. Lorsque les légumes sont cuits, versez la sauce tomate par-dessus, salez, poivrez et mélangez.

Dès que les macaronis sont cuits « al dente », égouttez-les. Versez-en un tiers dans une grande terrine chaude. Versez un tiers de la sauce, une cuillerée à soupe de parmesan, mélangez, et procédez ainsi jusqu'à épuisement des ingrédients. Complétez avec le beurre, mélangez une dernière fois et servez.

tour de main

Reportez-vous aux indications de l'emballage pour le temps de cuisson des pâtes, qui varie. Utilisez toujours une grande quantité d'eau (1 l pour 100 g de pâtes) et maintenez une franche ébullition durant la cuisson. La seule difficulté de cette recette est la multiplicité des cuissons simultanées : ne laissez pas attacher la sauce tomate !

CUISINE MINCEUR

Les pâtes sont des aliments riches en glucides qui ne sont pas les bienvenus dans le cadre d'un régime minceur, à moins d'utiliser une sauce totalement dépourvue de matières grasses. Réduisez l'huile au minimum en utilisant des casseroles à revêtement anti-adhésif. Vous pouvez aussi faire cuire les légumes à la vapeur et les arroser de sauce tomate au dernier moment : vous préserverez ainsi toutes leurs qualités nutritives. Supprimez le beurre.

CUISINE RAPIDE ET MICRO-ONDES

Préparez la sauce tomate au four à micro-ondes, pendant que vous surveillez la cuisson des légumes sur le feu. Mettez l'huile dans un plat brunisseur et faites chauffer 1 min à puissance maximale. Ajoutez les oignons, faites-les chauffer 2 min à puissance maximale. Ajoutez les tomates, mélangez bien et faites chauffer 6 min, toujours à puissance maximale. Remuez et prolongez la cuisson de minute en minute si nécessaire.

RECOMMANDATIONS

Avec la sauce tomate, choisissez un beaujolais, un côtes-du-rhône ou un vin italien (valpolicella, chiaretto...). Les légumes doivent être parfaitement frais et mûrs. Préférez du parmesan en morceau que vous râperez vous-même.

PÂTES-RIZ

Riz à la cantonaise

pour 4 personnes

- 200 g de riz long
- 200 g de petits pois frais
- 1 tranche épaisse de jambon blanc (80 g environ)
- 2 œufs
- 4 cuil. à s. d'huile de germe de maïs
- 1/2 cuil. à c. de glutamate monosodique
- sel, poivre

Préparation : 30 min

Cuisson : 10 min

Prix :

Calories :

Écossez les petits pois et plongez-les dans l'eau bouillante salée 10 min. Faites cuire le riz dans une grande casserole d'eau bouillante salée. Égouttez les petits pois et le riz et laissez-les refroidir. Coupez la tranche de jambon en dés. Faites chauffer l'huile dans un wok ou dans une grande poêle.

Cassez les œufs dans une terrine, mélangez-les sans les battre à l'aide d'une fourchette, salez-les et poivrez-les, puis versez-les dans l'huile chaude. Remuez aussitôt à la cuillère en bois, et poursuivez la cuisson sans cesser de remuer.

Lorsque les œufs sont cuits en brouillade, ajoutez le riz et les petits pois. Mélangez bien, de façon que le riz absorbe largement l'huile et que les ingrédients soient bien mêlés.

Ajoutez alors les dés de jambon, mélangez, puis rectifiez l'assaisonnement si nécessaire. Versez en dernier le glutamate monosodique, remuez et portez à table sans attendre.

tour de main

Le secret de la cuisine chinoise au wok, c'est de procéder rapidement dans une huile assez chaude : les ingrédients doivent être saisis pour conserver toute leur saveur tout en devenant croustillants.
A défaut de baguettes, vous pouvez utiliser deux fourchettes pour mélanger le riz aux autres ingrédients tout en l'égrenant : ainsi vous obtiendrez un mélange fluide et non aggloméré.

CUISINE MINCEUR

Le riz blanc étant riches en « mauvais » glucides, rapidement assimilés par l'organisme, il est préférable d'éviter de l'associer à de grandes quantités d'huile. Pour ce plat, comptez environ 400 kcal par portion.
Choisissez du riz complet (en adaptant le premier temps de cuisson) et réduisez la quantité d'huile en utilisant une poêle à revêtement antiadhésif.

CUISINE RAPIDE ET MICRO-ONDES

Le four à micro-ondes permet de gagner du temps pour la cuisson du riz : comptez trois mesures d'eau pour une mesure de riz, mettez-les dans un plat en céramique, salez et comptez très précisément 20 min de cuisson (sauf pour des riz spéciaux, mais vérifiez sur l'emballage). Sortez le riz du four, cassez rapidement avec une fourchette l'espèce de croûte qui s'est formée dessus, couvrez le plat d'une assiette et remettez-le 5 min au four.

RECOMMANDATIONS

Accompagnez ce plat typique de thé au jasmin, ou de bière chinoise. Le glutamate monosodique est extrait du gluten des céréales. Largement utilisé dans la cuisine orientale, il renforce la saveur des plats. Il faut toujours l'utiliser avec parcimonie car certaines personnes y sont allergiques.

Tagliatelles à la mozzarella

pour 4 personnes

Les ingrédients

- 400 g de tagliatelles
- 200 g de mozzarella
- 6 filets d'anchois à l'huile
- 60 g de beurre
- un brin de basilic
- une pincée d'origan
- sel, poivre

Préparation : 10 min

Cuisson : 15 min environ

Prix :

Calories :

Portez à ébullition une grande casserole d'eau salée, puis jetez-y les pâtes et laissez-les cuire jusqu'à ce qu'elles soient « *al dente* ». Pendant ce temps, coupez la mozzarella en tranches, puis chaque tranche en dés.

Détaillez les filets d'anchois en petits morceaux, puis mettez-les dans une terrine avec les dés de mozzarella. Lavez le basilic et ciselez-le. Lorsque les pâtes sont presque cuites, faites fondre le beurre dans une poêle.

Réservez deux cuillerées de l'eau de cuisson des pâtes, puis égouttez les tagliatelles. Versez-les aussitôt dans la poêle, mélangez rapidement et ajoutez l'eau réservée.

Incorporez la mozzarella et les filets d'anchois et maintenez sur feu moyen, en remuant sans cesse, pendant 2 min. Retirez la poêle du feu, parsemez les pâtes de basilic ciselé et d'une pincée d'origan et servez aussitôt.

tour de main

Le temps de cuisson des pâtes varie selon leur composition, et surtout selon qu'il s'agit de pâtes fraîches ou sèches. Si les tagliatelles sont fraîches, 5 min de cuisson suffisent en général. Si elles sont sèches, reportez-vous aux indications figurant sur l'emballage. Ne laissez surtout pas trop cuire les pâtes : elles deviendraient collantes lors du passage dans le beurre chaud.

CUISINE MINCEUR

Les pâtes ne sont pas indiquées dans le cadre d'un régime, surtout lorsqu'elles sont accompagnées d'une sauce grasse. Savourez plutôt une bonne salade mélangée, agrémentée de dés de mozzarella et d'huile d'olive.

CUISINE RAPIDE ET MICRO-ONDES

Vous pourriez utiliser le four à micro-ondes pour la seconde étape de cette recette, mais le gain de temps, quasi inexistant, ne compenseraient pas les nombreuses manipulations nécessaires pour remuer les pâtes.

RECOMMANDATIONS

En France, les pâtes sont souvent servies en accompagnement d'une viande. En Italie en revanche, elles sont présentées en *primo piatto*, après les hors-d'œuvre et avant la viande ou le poisson, ou bien en plat principal. Si vous optez pour cette seconde solution, choisissez un vin blanc italien, un soave par exemple, ou bien un vin blanc sec tel qu'un sancerre.
Si les pâtes servent de garniture, le vin doit être choisi en fonction du plat principal.

Gnocchis en robe rouge

pour 4-6 personnes

- 1 kg de gnocchis de pommes de terre
- 800 g de tomates olivettes
- 2 poivrons rouges
- 2 oignons
- 1 gousse d'ail
- 30 g de beurre
- 2 cuil. à s. d'huile d'olive
- 30 g de parmesan râpé
- quelques feuilles de basilic
- sel, poivre

Préparation : 15 min

Cuisson : 15 min

Prix :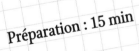

Calories :

Nettoyez les poivrons avec un linge humide, puis piquez-les sur une fourchette et passez-les de tous côtés au-dessus d'une flamme, jusqu'à ce que leur peau noircisse et se boursoufle. Pelez-les, ouvrez-les, éliminez les pépins et les filaments blancs et découpez la pulpe en julienne. Pelez, épépinez et hachez les tomates.

Pelez et émincez l'ail et les oignons et faites-les fondre dans une poêle avec le beurre et l'huile. Ajoutez les tomates hachées et la julienne de poivrons. Salez, poivrez et laissez réduire la sauce sur feu doux pendant 10 min, en remuant de temps en temps. Versez la préparation dans le bol d'un mixeur et réduisez-la en une purée lisse.

Faites chauffer le four à 120 °, thermostat 2, et placez-y des assiettes creuses. Portez une grande casserole d'eau salée à ébullition. Plongez-y les gnocchis. Sortez-les de l'eau à l'aide d'une écumoire dès qu'ils remontent à la surface.

Répartissez-les dans les assiettes creuses chaudes, arrosez-les de sauce, saupoudrez-les de parmesan et d'un peu de basilic ciselé. Servez aussitôt.

tour de main

Couper en julienne consiste à tailler des légumes en fins bâtonnets ou en petits dés.
Pour peler facilement les tomates, plongez-les 1 min dans l'eau bouillante, puis passez-les sous l'eau froide : leur peau se retire alors sans difficulté.
Les gnocchis sont déjà cuits : ils ont simplement besoin de gonfler et de chauffer. Retirez-les de l'eau au fur et à mesure qu'ils remontent à la surface.

CUISINE MINCEUR

Les gnocchis de pommes de terre sont faits de purée et de farine, donc très riches en glucides. Si vous supprimez les matières grasses (faites revenir l'ail et les oignons à l'étouffée et éliminez le parmesan) pour obtenir une sauce maigre, vous pouvez néanmoins les consommer en plat principal, en prenant soin de ne pas introduire de matières grasses dans le reste du menu.

CUISINE RAPIDE ET MICRO-ONDES
Le four à micro-ondes ne convient pas pour cette recette.

RECOMMANDATIONS
Servez avec ce plat simple un vin rouge franc, un beaujolais-villages par exemple.
Les gnocchis à base de pommes de terre, dits « à la piémontaise » ou « à l'alsacienne », sont très simples à réaliser. Il suffit de lier une purée de pommes de terre (sans lait) avec un peu de farine et un œuf ou deux, jusqu'à l'obtention d'une préparation épaisse. On forme les gnocchis en les roulant dans la paume de la main, puis on les strie avec le dos d'une fourchette.

Pâtes aux quatre fromages

pour 6 personnes

- 500 g de pâtes type macaroni
- 50 g de mozzarella
- 50 g de gruyère
- 50 g de tomme de brebis
- 50 g de parmesan râpé
- 30 g de beurre
- 15 cl de crème fraîche
- sel

Les ingrédients

Préparation : 10 min

Cuisson : 20 min

Prix :

Calories :

Coupez la mozzarella, le gruyère et la tomme de brebis en dés. Faites chauffer une grande casserole d'eau salée. Lorsqu'elle bout, jetez-y les pâtes et laissez-les cuire à franche ébullition, jusqu'à ce qu'elles soient « al dente ».

Pendant ce temps, faites fondre le beurre dans une sauteuse, à feu doux. Ajoutez la crème fraîche liquide, portez à ébullition, toujours à feu doux, puis incorporez les dés de fromage. Laissez-les fondre doucement.

Mettez six assiettes creuses dans le four allumé à 140 °, thermostat 3. Ajoutez le parmesan râpé dans la sauce au fromage et mélangez soigneusement. Éteignez le feu. Égouttez les pâtes.

Versez-les dans la sauce au fromage, mélangez jusqu'à ce que toutes les pâtes en soient enrobées, répartissez-les dans les assiettes préchauffées et servez sans attendre.

tour de main

Calculez bien les temps de cuisson, afin que la sauce soit juste prête au moment où les pâtes sont cuites. Comptez une dizaine de minutes pour la préparation de la sauce. Le temps de cuisson des pâtes dépend de leur forme et de leur composition. Les macaronis cuisent en général de 15 à 20 min, mais il est toujours plus sage de se fier aux indications portées sur l'emballage, et à son palais... en goûtant régulièrement les pâtes en cours de cuisson.

CUISINE MINCEUR

Il est malheureusement plus sage de renoncer à ce délice de gourmet que sont les pâtes bien cuisinées si vous surveillez votre ligne. Cette recette est particulièrement riche en matières grasses.

CUISINE RAPIDE ET MICRO-ONDES

Le four à micro-ondes ne fait pas gagner beaucoup de temps pour cette recette. Vous pouvez néanmoins y faire fondre les fromages et le beurre, en les chauffant à puissance maximale 1 min, et en prolongeant la chauffe de 30 s en 30 s si nécessaire. Prenez soin de ne pas trop prolonger la cuisson, car les fromages deviendraient caoutchouteux.

RECOMMANDATIONS

Un bon vin blanc sec est de rigueur avec ce plat presque montagnard. Pensez à un vin italien, ou à un vin de Savoie. Plus les fromages seront goûteux, meilleures seront les pâtes. La mozzarella vendue sous emballage plastique est souvent insipide et un peu élastique, et donne une fausse idée de cette spécialité italienne qui, lorsqu'elle est fraîche (elle devrait être consommée le jour même), est un fromage délicat et fondant d'une grande finesse. La tomme de brebis peut être remplacée par de la tomme de chèvre. A défaut, utilisez de la raclette.

167

Raviolis aux truffes

pour 4 personnes

POUR LA PÂTE :
- 200 g de farine
- 2 œufs
- sel

POUR LA FARCE :
- 40 g de truffes noires
- 400 g de laitue
- 1 échalote
- 20 g de beurre
- 1 bouquet de persil
- 40 g de parmesan râpé
- 1 œuf
- sel, poivre

POUR LA SAUCE :
- 20 g de truffes noires
- 1 bouquet de persil
- 50 g de beurre
- sel, poivre

Préparation : 30 min

Cuisson : 5 min

Prix :

Calories :

Attente : 30 min

168

Préparez la pâte : versez la farine sur un plan de travail, creusez un puits au centre et mettez-y les œufs, le sel et deux cuillerées à soupe d'eau. Travaillez le tout jusqu'à l'obtention d'une pâte lisse, rassemblez-la en boule, enveloppez-la de plastique et laissez-la reposer 30 min. Pendant ce temps préparez la farce. Parez les truffes et hachez-les.

Parez et lavez la laitue, égouttez-la soigneusement et coupez-la en fines lanières. Pelez et hachez l'échalote, puis faites-la fondre doucement dans le beurre, sans la laisser prendre couleur. Ajoutez les truffes hachées et mélangez. Incorporez ensuite les lanières de laitue et laissez dorer le tout 5 min en remuant constamment, jusqu'à ce que le liquide soit évaporé.

Retirez la préparation du feu, versez-la dans une terrine et laissez-la refroidir avant d'y incorporer le persil haché, l'œuf et le parmesan râpé. Salez, poivrez et mélangez. Étendez finement la pâte sur un plan de travail fariné. Divisez-la en deux rectangles. Sur l'un d'eux, répartissez la farce en petits tas. Recouvrez avec l'autre rectangle, en pressant autour des tas pour faire adhérer la pâte. Découpez ensuite les raviolis à l'emporte-pièce.

Faites chauffer une grande casserole d'eau salée. Pendant ce temps, parez et hachez les truffes destinées à la sauce. Quand l'eau bout, plongez-y les raviolis pour 5 min. Pendant ce temps, faites fondre le beurre, ajoutez-y les truffes hachées et le persil, également haché. Prélevez deux cuillerées à soupe d'eau de cuisson des raviolis, versez-la sur la sauce, faites bouillir 1 min. Égouttez les raviolis, arrosez-les avec la sauce et servez sans attendre.

tour de main

Vous pouvez ajouter plus d'eau dans la pâte si cela vous semble nécessaire. Elle doit devenir parfaitement homogène, lisse et élastique.
A défaut d'emporte-pièce, utilisez un verre ou une tasse. L'effet est moins décoratif mais le goût reste le même !
Attendez que l'eau soit en pleine ébullition pour y plonger les raviolis, et maintenez une franche ébullition pendant toute la cuisson.

CUISINE MINCEUR

Les pâtes ne sont jamais recommandées dans le cadre d'une régime. Ainsi accommodées, elles sont assez caloriques (il y a 70 g de beurre entre la farce et la sauce).
Si vous avez des truffes, gardez-les plutôt pour une fricassée ou une omelette, plus diététiques et tout aussi gastronomiques.

CUISINE RAPIDE ET MICRO-ONDES
Pour une recette aussi fine, il est préférable de s'en tenir à la cuisson traditionnelle.

RECOMMANDATIONS
Pour accompagner ce plat exceptionnel, il est nécessaire d'offrir un grand vin, rouge de préférence, comme un côte-de-nuits en bourgognes, ou un pomerol en bordeaux. A défaut de truffes fraîches, vous pouvez utiliser des truffes en conserves.
Il existe soixante-dix espèces de truffes dans le monde, la plus estimée étant la truffe noire du Périgord. Les truffes ne sont excellentes qu'à maturité. Elles doivent être bien rondes et d'un seul bloc, et dégager un parfum frais. Leur pleine saison, en France, se situe entre novembre et janvier.

PÂTES-RIZ

Soufflé aux tagliatelles

pour 6 personnes

- 450 g de tagliatelles fraîches
- 1/2 l de lait
- 3 œufs
- 100 g de jambon cuit
- 100 g de comté
- 40 g de parmesan râpé
- 50 g de beurre
- 40 g de farine
- chapelure
- noix muscade râpée
- sel, poivre

Les ingrédients

Préparation : 30 min

Cuisson : 30 min

Prix :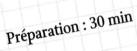

Calories :

Coupez le comté et le jambon en dés. **F**aites fondre le beurre dans une casserole assez grande, puis jetez-y la farine en pluie tout en remuant. **V**ersez le lait en filet, tout en continuant à remuer. **S**alez, poivrez et muscadez. **L**aissez cuire en remuant jusqu'à ce que la sauce nappe la cuillère. **R**etirez la casserole du feu et ajoutez le comté, le jambon et le parmesan.

Laissez tiédir quelques minutes. **C**assez les œufs en séparant les blancs des jaunes, puis incorporez les jaunes un à un dans la préparation, sans cesser de remuer. **R**éservez. **F**aites chauffer le four à 180 °, thermostat 5.

Faites cuire les tagliatelles quelques minutes dans une grande casserole d'eau bouillante salée. **É**gouttez-les, rincez-les rapidement sous l'eau fraîche, égouttez-les de nouveau puis incorporez-les à la préparation réservée. **M**ontez les blancs d'œufs en neige assez ferme et mélangez-les délicatement à la préparation.

Beurrez un moule à soufflé, parsemez le fond et les parois de chapelure, puis versez-y la préparation aux tagliatelles. **G**lissez le moule dans le four et faites cuire environ 30 min, jusqu'à ce que le soufflé soit gonflé et doré en surface. **S**ervez aussitôt.

tour de main

Les tagliatelles doivent être juste cuites, *al dente,* afin de ne pas devenir pâteuses dans le soufflé. Incorporez d'abord un grosse cuillerée de blancs en neige pour assouplir la préparation, puis ajoutez le reste et mélangez délicatement en soulevant la masse, sans jamais tourner ou battre.

CUISINE MINCEUR

Hélas, il faudrait éliminer beaucoup d'éléments de ce soufflé pour le rendre compatible avec un menu minceur, car le mélange de glucides (pâtes) et de lipides (tout le reste !) est très énergétique.

Réalisez plutôt un soufflé au jambon et au fromage, en ajoutant dans les ingrédients 100 g de jambon et 200 g de comté. Les glucides ainsi éliminés, la recette devient acceptable mais reste très grasse : consommez ce soufflé en plat unique, avec une salade de crudité assaisonnée avec légèreté.

CUISINE RAPIDE ET MICRO-ONDES

Pour l'ensemble des étapes de cette recette, la cuisson traditionnelle est préférable – et guère plus longue que la cuisson au four à micro-ondes.

RECOMMANDATIONS

Un vin blanc suisse, un fendant par exemple, accompagnera fort bien ce soufflé. A défaut, optez pour un vin d'Alsace.
Ce soufflé très riche constitue plutôt un plat principal. Servez en même temps une salade frisée bien assaisonnée, éventuellement relevée d'une pointe d'ail.
A défaut de tagliatelles fraîches, vous pouvez utiliser des tagliatelles sèches : suivez les indications portées sur le paquet, en surveillant toutefois la cuisson pour ne pas dépasser le point *al dente.*

Légumes

LÉGUMES

Cœurs de laitues braisés

pour 4 personnes

- 8 laitues
- 1 noix de beurre
- 1 cuil. à s. de vin blanc sec
- 1 bouquet de basilic
- sel, poivre

Les ingrédients

Préparation : 15 min

Cuisson : 20 min

Prix :

Calories :

Coupez les trognons des salades, que vous débarrasserez des plus grosses feuilles vertes, puis lavez les cœurs entiers sous l'eau courante. Déposez-les dans une passoire, la base des feuilles vers le haut, et laissez égoutter les salades quelques minutes.

A feu moyen, faites fondre le beurre dans une cocotte. Dès qu'il est clair, déposez dedans délicatement les cœurs de laitues, et faites-les revenir doucement de tous côtés pendant 10 min.

Mouillez la salade avec le vin blanc, assaisonnez-la d'une pincée de sel et de poivre, couvrez et poursuivez la cuisson 5 à 10 min à feu très modéré. Pendant ce temps, lavez les branches de basilic sous l'eau courante et laissez-les égoutter, puis achevez de les essuyer avec du papier absorbant.

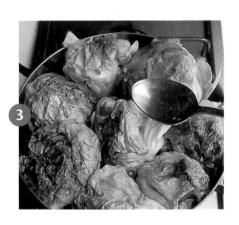

Lorsque les feuilles de basilic sont sèches, hachez-les menu. A l'aide d'une écumoire, retirez les laitues braisées de la cocotte, dressez-les sur le plat de service, parsemez-les de basilic et servez rapidement.

tour de main

Si les cœurs de laitues sont un peu flétris, faites-les tremper quelques minutes dans une grande bassine d'eau fraîche, additionnée d'une dizaine de glaçons.
Afin d'éviter que pucerons ou petites limaces ne restent logés dans les salades, ajoutez cinq cuillerées à soupe de vinaigre d'alcool à la dernière eau de rinçage. Écartez bien les feuilles pour que l'eau puisse pénétrer jusqu'au cœur.
Introduisez une note épicée en râpant sur les cœurs de salades, en cours de cuisson, une pointe de noix muscade.

CUISINE MINCEUR

Cette garniture, très légère et très digeste, peut parfaitement être intégrée à un menu de régime, quel qu'il soit.

CUISINE RAPIDE ET MICRO-ONDES

Préparez les cœurs de laitues en suivant la recette de base. Mettez une noix de beurre dans un plat et faites-la fondre 30 s, à couvert, à puissance maximale. Rangez en cercle les salades sur le plat et faites-les cuire 10 min à même puissance. Retournez les cœurs, mouillez-les avec le vin blanc, couvrez et laissez-les cuire 10 min supplémentaires à puissance moyenne. Assaisonnez et laissez reposer 5 min dans le four avant de servir.

RECOMMANDATIONS

Offrez un vin blanc de la Loire, fruité et aromatique, comme un pouilly-fumé.
Cette garniture accompagne parfaitement tous les plats de poissons, ainsi que les préparations à base de viandes blanches.
Choisissez des laitues aux feuilles bien serrées et non flétries.
Assurez-vous, autant que possible, qu'elles sont saines : cette précaution est importante car les salades ne doivent pas être effeuillées.

Ratatouille indienne

pour 4 personnes

- 8 tomates olivettes
- 1 aubergine
- 1/2 poivron rouge
- 1/2 poivron jaune
- 100 g d'oignons blancs
- 100 g de haricots verts
- 3 carottes
- 1 oignon
- 1 gousse d'ail
- 5 cuil. à s. de beurre clarifié (ghi)
- 1 cuil. à c. de curcuma
- 1 cuil. à c. de coriandre en poudre
- 1/2 cuil. à c. de cumin
- 5 gousses de cardamome
- 4 grains de poivre
- 2 clous de girofle
- sel

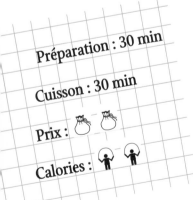

Préparation : 30 min

Cuisson : 30 min

Prix :

Calories :

Lavez et parez les légumes. Taillez l'aubergine et les carottes en fins bâtonnets et les poivrons en lanières. Coupez les haricots verts en deux. Plongez les tomates 1 min dans l'eau bouillante, puis pelez-les et épépinez-les. Hachez-les grossièrement. Pelez et hachez l'ail et l'oignon.

tour de main

Pour préparer le ghi, ou beurre clarifié, mettez le beurre dans une petite casserole sur feu doux. Portez-le doucement à ébullition, puis laissez-le frémir quelques minutes, jusqu'à ce qu'un dépôt blanc se forme en surface. Retirez la casserole du feu. Doublez un tamis avec une mousseline et passez le beurre au-dessus d'un récipient. Le ghi recueilli peut se conserver trois semaines à un mois au réfrigérateur.

Mélangez toutes les épices, sauf le curcuma. Faites chauffer le beurre clarifié dans une sauteuse et faites-y revenir l'ail et l'oignon hachés 5 min à feu doux. Ajoutez le curcuma, remuez pendant 1 min, puis arrosez de deux cuillerées à soupe d'eau chaude. Versez le reste des épices dans la sauteuse et mélangez pendant 2 min.

CUISINE MINCEUR

Cette recette est assez grasse et certains légumes apportent des glucides (petits pois, poivrons, tomates). Pour adapter la recette, employez une seule cuillerée à soupe de ghi. Faites fondre l'ail et l'oignon à l'étouffée, puis, après avoir incorporé le curcuma, ajoutez 1/2 verre de bouillon de légumes. Poursuivez comme il est indiqué dans la recette, en mouillant avec le bouillon en cours de cuisson si nécessaire.

Joignez alors la pulpe de tomate, mélangez et laissez-la cuire 4 min. Pendant ce temps, pelez les oignons blancs.

CUISINE RAPIDE ET MICRO-ONDES

Préparez la recette comme indiqué jusqu'au quatrième paragraphe. Transvasez alors la préparation dans un plat allant au four à micro-ondes, couvrez et faites cuire 8 min à puissance maximale, en remuant trois fois.

Salez la préparation, mélangez, puis mettez dans la sauteuse tous les légumes restants. Mouillez avec deux ou trois cuillerées à soupe d'eau. Couvrez et laissez cuire 20 min sur feu doux, en remuant de temps en temps. Servez chaud ou tiède.

RECOMMANDATIONS

Les vins ne conviennent guère à la cuisine indienne. Préférez une bière blonde de qualité, ou bien un thé de Ceylan ou un thé parfumé aux épices (à la cardamome ou à la cannelle par exemple).
Les épices vendues en grandes surfaces sont parfois décevantes. Pour retrouver la vraie saveur de cette cuisine, essayez de vous procurer les ingrédients dans une épicerie spécialisée. Certains restaurateurs indiens acceptent d'indiquer leur fournisseur.

LÉGUMES

Endives farcies

pour 4 personnes

- 4 endives
- 8 filets d'anchois dessalés
- 4 petites tomates
- 80 g d'olives noires dénoyautées
- 1 mozzarella
- 1 oignon
- 50 g de gruyère râpé
- 50 g de beurre
- 1 dl de crème fraîche
- 1/2 verre de bouillon
- 2 cuil. à s. d'huile
- 1 pincée d'origan
- sel, poivre

Les ingrédients

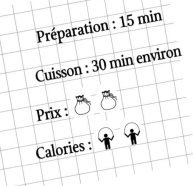

Préparation : 15 min

Cuisson : 30 min environ

Prix :

Calories :

Éliminez les feuilles abîmées des endives, puis lavez-les et égouttez-les. Lavez, pelez et épépinez les tomates, puis coupez-les en lanières, ainsi que les olives. Détaillez la mozzarella en dés et hachez les filets d'anchois. Mettez tous ces ingrédients dans une terrine, saupoudrez avec l'origan, du sel et du poivre, arrosez avec l'huile et mélangez.

Pelez et émincez l'oignon, réservez-le. Ouvrez délicatement chaque endive de façon à pouvoir la farcir, en évitant de rompre l'attache des feuilles. Répartissez la farce aux olives à l'intérieur, en tassant légèrement.

Refermez les endives en leur redonnant forme autant que possible, puis ficelez-les avec du fil de cuisine. Faites fondre le beurre dans une poêle, mettez-y à blondir l'oignon émincé, puis déposez-y les endives farcies. Faites-les dorer de tous côtés avant d'ajouter le bouillon.

Laissez mijoter les endives, en les retournant plusieurs fois en cours de cuisson, jusqu'à ce qu'elles soient tendres. Versez alors la crème fraîche sur les légumes, saupoudrez-les de gruyère râpé, couvrez le récipient, éteignez le feu et laissez reposer 5 min avant de porter les endives à table.

tour de main

En versant la crème, grattez le fond et les parois du récipient afin de bien récupérer tous les sucs de cuisson et de les mélanger à la crème.
Ne laissez plus la casserole sur le feu une fois que vous avez incorporé le fromage : il deviendrait caoutchouteux et formerait des grumeaux.

CUISINE MINCEUR

Il faut adapter cette recette avant de l'intégrer à un menu minceur. Supprimez de préférence les olives. Utilisez un récipient à revêtement anti-adhésif et réduisez la quantité de beurre autant que possible. Remplacez la moitié du gruyère par une cuillerée à soupe de parmesan râpé (plus parfumé et moins gras) et utilisez de la crème fraîche allégée.

CUISINE RAPIDE ET MICRO-ONDES

Faites cuire les endives dans le four à micro-ondes, en conduisant toutes les cuissons à puissance maximale. Faites fondre le beurre dans un plat brunisseur 30 s, ajoutez l'oignon émincé et faites-le chauffer 2 min, puis déposez les endives dans le plat et arrosez-les de bouillon. Laissez-les cuire 10 min, en les retournant à mi-cuisson. Versez la crème, faites chauffer 2 min, puis ajoutez le fromage, couvrez et laissez reposer 5 min. Si le fromage ne fond pas suffisamment, remettez le plat dans le four 30 s.

RECOMMANDATIONS

Accompagnez d'un vin blanc de la Loire ou un gewurtztraminer. Les endives, disponibles d'octobre à mai, se prêtent bien à des préparations hivernales, aussi bien crues que cuites. Choisissez-les bien blanches, lisses, fermes et brillantes.

LÉGUMES

Pommes de terre façon pizza

pour 4 personnes

- 800 g de pommes de terre
- 8 tomates
- 1 gousse d'ail
- 1 cuil. à s. de câpres
- 2 filets d'anchois
- bouillon
- origan
- sel

Préparation : 15 min

Cuisson : 30 min

Prix :

Calories :

Pelez et lavez les pommes de terre, coupez-les en lamelles. Essuyez-les soigneusement et réservez-les. Pelez les tomates après les avoir plongées 1 min dans l'eau bouillante, épépinez-les et hachez-les. Mettez-les dans une terrine.

Pelez la gousse d'ail et hachez-la. Hachez les filets d'anchois. Ajoutez ces deux ingrédients aux tomates ainsi qu'une pincée d'origan et un peu de sel. Mélangez bien.

Dans une grande casserole, disposez en alternance une couche de pommes de terre et une couche de sauce tomate, jusqu'à épuisement des ingrédients. Terminez par une couche de sauce, puis arrosez de bouillon à hauteur.

Couvrez la casserole et faites cuire sur feu doux pendant environ 30 min, jusqu'à ce que les pommes de terre soient parfaitement tendres. Si elles attachent en fin de cuisson, ajoutez du bouillon par petites quantités.

tour de main

Afin que les lamelles de pommes de terre ne noircissent pas, plongez-les dans une terrine d'eau glacée dès qu'elles seront coupées. Égouttez-les et essuyez-les au dernier moment. N'omettez pas de retirer le germe indigeste de l'ail avant de hacher la gousse.

CUISINE MINCEUR

Les pommes de terre ne sont jamais très bienvenues dans le cadre d'un régime minceur. Toutefois, cette recette comporte très peu de matières grasses. Utilisez un bouillon bien dégraissé, et mangez cette préparation en plat unique. Attention à l'entrée ou au dessert : évitez absolument les graisses. Pensez à du fromage blanc à 0 % de matières grasses ou à un fruit cuit, adoucis à l'édulcorant de synthèse.

CUISINE RAPIDE ET MICRO-ONDES

Placez les pommes de terre avec la sauce et le bouillon (réduisez un peu la quantité de ce dernier) dans un plat brunisseur et faites cuire 4 min à pleine puissance, puis 8 min à puissance moyenne. Laissez reposer 4 min.

RECOMMANDATIONS

Pour accompagner ce plat simple et rustique, pensez à un vin rouge de pays assez léger : brouilly ou côtes-du-Rhône-villages. En été, un bon rosé servi frais peut également convenir.
Ces pommes de terre relevées peuvent servir d'accompagnement à des œufs au plat, mais aussi à des saucisses ou à des grillades de porc.
Utilisez des pommes de terre à chair ferme, des rosevals par exemple.

Cèpes à la bordelaise

pour 4 personnes

- 500 g de cèpes
- 2 échalotes
- 1 gousse d'ail
- 1 cuil. à s. de persil
- huile d'olive et huile végétale
- 1/2 citron
- pain rassis
- sel, poivre du moulin

Préparation : 15 min

Cuisson : 15 min

Prix :

Calories :

Coupez la partie terreuse du pied des champignons, pelez les pieds et essuyez les champignons sans les laver. Séparez les têtes des pieds et hachez les pieds. Pelez et hachez finement les échalotes, ajoutez-les aux pieds hachés, et réservez dans un bol.

Versez les deux huiles en parts égales dans un poêlon, en quantité suffisante pour recouvrir les champignons, et faites chauffer. Dès que l'huile est chaude, jetez-y les têtes des cèpes. Poivrez et laissez mijoter 15 min. Salez et tenez au chaud.

Pendant ce temps, avec le mixeur, réduisez le pain rassis en chapelure ; passez-la à travers une passoire pour qu'elle soit fine. Pelez l'ail et nettoyez le persil. Hachez-les finement puis ajoutez-les, avec la chapelure, aux pieds et aux échalotes hachés. Mettez le plat de service à chauffer dans le four. Égouttez les cèpes, puis disposez-les dans un légumier chaud et réservez-les dans le four.

Conservez un fond d'huile dans le poêlon. Chauffez à feu vif et, quand l'huile est chaude, jetez dedans le mélange de pieds de cèpes hachés, échalotes, ail, persil, chapelure. Secouez rapidement le poêlon à feu vif sans laisser roussir et versez le mélange sur les champignons. Pressez dessus le jus du demi-citron et servez aussitôt.

tour de main

Lavez rapidement mais ne faites jamais tremper les champignons qui se gorgeraient d'eau et risqueraient de noircir. Essuyez-les avec précaution pour retirer les restes de terre ou de brindilles.
Ce plat doit être dégusté très chaud, c'est pourquoi il est indispensable de préchauffer le plat de service.

CUISINE MINCEUR

Préparez les cèpes, les échalotes et l'ail comme il est indiqué dans le premier paragraphe de la recette. Émincez les cèpes et faites-les sauter à feu vif dans 10 cl d'huile d'olive. Laissez-les dorer et gardez-les sur le coin du feu. Jetez l'huile, assaisonnez les champignons, et mettez-les de nouveau à feu vif pour les rendre croustillants. Réservez-les dans un légumier. Sans laver la poêle, faites revenir dedans les échalotes, l'ail et le hachis de cèpes, sans ajouter de chapelure. Versez ce mélange sur les champignons, saupoudrez de persil ciselé et servez.

CUISINE RAPIDE ET MICRO-ONDES

Pour réaliser cette recette au four à micro-ondes, choisissez avec soin les champignons : ils doivent tous être de même taille, plutôt petits et bien fermes. Versez une cuillerée à soupe d'huile d'olive dans un plat moyen et cuisez 1 min à puissance maximale. Ajoutez les cèpes coupés en lamelles et laissez-les cuire 5 à 6 min. Réservez-les et mettez les échalotes, l'ail et le hachis de pieds de cèpes à fondre dans le plat avec un peu d'huile pendant 2 à 3 min à pleine puissance. Versez ce mélange sur les champignons et saupoudrez de persil haché.

RECOMMANDATIONS

Servez avec un coteau-du-giennois rouge ou un beaune blanc.
Les cèpes sont meilleurs jeunes, petits et fermes ; vieux, ils deviennent spongieux et véreux.
Servez ce plat en entrée ou avec une viande blanche d'agneau ou des filets de poissons grillés.

Concombres à l'aneth

pour 4 personnes

- 1 kg de concombres
- 60 g de poitrine fumée
- 6 échalotes
- 1 bouquet d'aneth
- 1 noix de beurre
- sel, poivre

les ingrédients

Préparation : 30 min

Cuisson : 10 min

Prix :

Calories :

Lavez les concombres sous l'eau courante et essuyez-les. Pelez-les soigneusement puis, en vous servant d'un couteau bien aiguisé, coupez-les en deux dans le sens de la longueur.

Avec une petite cuillère à café, grattez le centre des légumes, toujours dans le même sens, pour les épépiner. Détaillez ensuite la pulpe en lanières d'épaisseur moyenne. Coupez le morceau de poitrine fumée en petits dés. Faites fondre le beurre dans une sauteuse, jetez-y les lardons et laissez-les rissoler.

Pelez les échalotes et émincez-les. Ajoutez-les aux lardons lorsqu'ils auront doré et laissez-les revenir jusqu'à ce qu'elles soient translucides, en remuant fréquemment avec une cuillère en bois. Pendant ce temps, saupoudrez les concombres d'une demi-cuillerée à café de sel fin, laissez-les dégorger 3 min et jetez l'eau rendue.

Quand les échalotes sont blondes, ajoutez-y les concombres, poivrez, remuez, couvrez le récipient et laissez étuver les légumes 5 min à feu modéré. Lavez l'aneth, essuyez-le et ciselez-le. A l'aide d'une écumoire, retirez les concombres de la sauteuse et disposez-les dans le plat de service. Faites réduire le fond de cuisson d'un tiers, ajoutez-y les herbes et nappez les légumes de cette sauce.

tour de main

Cette garniture simple se marie parfaitement avec des viandes blanches poêlées ou grillées. Vous pouvez la compléter avec des champignons de Paris ou des girolles.

CUISINE MINCEUR

Vous pouvez intégrer cette garniture dans un menu de régime, à condition de faire rissoler les lardons à sec dans une poêle antiadhésive chaude.

L'aneth est une herbe aux vertus digestives ; elle favorise la lactation chez les jeunes mamans et donne, dit-on, un goût agréable au lait.

Servez de préférence des escalopes de viande blanche (poulet, dinde, veau) ou des filets de poisson (cabillaud, colin, mérou) grillés avec ces légumes forts en arôme.

CUISINE RAPIDE ET MICRO-ONDES

Avant de les passer au four à micro-ondes, préparez les concombres suivant la recette de base. Ne les faites cependant pas dégorger au sel. Posez ensuite une noisette de beurre dans un plat creux et faites-le fondre 45 s à puissance maximale. Ajoutez-y les échalotes émincées et faites-les blondir à même puissance 2 min, en remuant. Joignez-y les concombres et poursuivez la cuisson à couvert, 3 min à puissance maximale.

Faites rissoler les lardons à la poêle et ajoutez-les aux légumes au dernier moment. Préparez la sauce à la casserole.

RECOMMANDATIONS

Servez avec ce plat un vin blanc du Sud-Ouest frais et léger comme un côtes-de-buzet.

Si vous ne trouvez pas d'aneth, utilisez des fanes de bulbe de fenouil. Prenez-en un tiers de plus. Choisissez des concombres vert-foncé, à la peau lisse et ferme.

Les concombres « pleine terre », petits, sont parfois un peu amers.

Les échalotes grises sont plus goûteuses que les roses.

Ragoût de poivrons rouges

pour 4 personnes

- 8 poivrons rouges
- 500 g de tomates
- 1 tranche épaisse de jambon cru
- 25 cl de crème fraîche
- 15 cl de vin blanc
- 2 oignons rouges
- 1 concombre
- 2 cuil. à s. d'huile d'olive
- 1 cuil. à s. de Maïzena
- 1 cuil. à c. rase de paprika
- sel, sucre, poivre du moulin

Les ingrédients

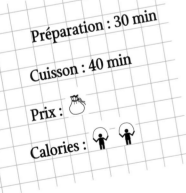

Préparation : 30 min

Cuisson : 40 min

Prix :

Calories :

Faites chauffer le gril du four. Lavez les poivrons rouges à l'eau, séchez-les, puis placez-les sur une grille allant au four. Quand le gril est bien rouge, enfournez les légumes et laissez-les cuire, en les retournant régulièrement, jusqu'à ce que la peau se soulève. Retirez-les du four et pelez-les.

Coupez les poivrons en deux, retirez le pédoncule, les pépins et les petites peaux blanches, puis détaillez la pulpe en lanières, dans le sens de la longueur. Pelez les tomates et coupez-les en quatre. Pelez les oignons et coupez-les en petits dés.

A l'aide d'un couteau économe, pelez le concombre, divisez-le en deux dans le sens de la longueur, retirez les graines avec une cuillère à café et détaillez la pulpe en cubes. Coupez le jambon cru en lanières courtes et fines. Faites rissoler les oignons et le jambon dans une casserole avec l'huile, jusqu'à ce que les oignons prennent une légère couleur.

Ajoutez les poivrons, les tomates et le concombre, puis mouillez avec le vin blanc. Salez, poivrez, mettez une pincée de sucre et ajoutez le paprika. Mélangez les légumes et laissez mijoter 20 min. Délayez la Maïzena avec la crème fraîche, versez ce mélange sur le ragoût, portez à ébullition tout en remuant, vérifiez l'assaisonnement (ce plat doit être assez relevé) et servez chaud.

tour de main

Pour peler les tomates, retirez le pédoncule, incisez la peau du dessus en croix et plongez-les 30 s, pas plus, dans de l'eau bouillante. Sortez-les, passez-les sous l'eau froide et retirez la peau.
Si le ragoût est trop liquide à votre goût, délayez une cuillerée supplémentaire de Maïzena dans un peu d'eau, versez le tout sur les légumes et portez à ébullition.

CUISINE MINCEUR
Dans le cadre d'un menu minceur, éliminez la cuillerée de sucre prévue dans la recette d'origine et remplacez la crème fraîche par de la crème allégée à 15 % de matières grasses. Faire réduire davantage la sauce pour éviter la liaison à la Maïzena.

CUISINE RAPIDE ET MICRO-ONDES
Versez l'huile dans un plat moyen, ajoutez les dés d'oignons et faites-les cuire 2 min à puissance maximale. Ajoutez les quarts de tomates, les lanières de poivrons rouges et de jambon, les cubes de concombre, et mouillez avec un demi-verre de vin blanc. Assaisonnez, remuez, couvrez et laissez cuire 5 min à puissance maximale. Liez la sauce avec la crème fraîche mélangée à la Maïzena et remettez le ragoût au four à micro-ondes à même puissance, jusqu'à ce qu'il épaississe, en remuant toutes les 30 s.

RECOMMANDATIONS
Choisissez avec ce ragoût assez relevé une bonne bière blonde, servie fraîche.
Présentez ce plat avec une purée de pommes de terre : vous réaliserez ainsi un repas complet.
Ce ragoût peut aussi accompagner de nombreuses viandes blanches, comme des rôtis de veau ou de porc, ou encore des volailles sautées ou rôties.

LÉGUMES

Carottes aux oignons

pour 6 personnes

- 400 g de carottes nouvelles
- 150 g d'oignons doux
- 50 g de beurre
- 30 cl de bouillon maigre
- 15 cl de lait
- 2 jaunes d'œufs
- 2 cuil. à c. de persil ciselé
- 1 cuil. à c. de farine
- 1 morceau de sucre
- sel, poivre du moulin, noix muscade

Les ingrédients

Préparation : 10 min

Cuisson : 55 min

Prix :

Calories :

Grattez les carottes, lavez-les et détaillez-les en rondelles très fines, de même épaisseur. Pelez et émincez les oignons. Dans une sauteuse, versez le mélange carottes-oignons en évitant de tasser.

Joignez aux légumes le beurre coupé en petits dés, salez, ajoutez le sucre. Mettez à étuver à feu doux, sans couvrir, tout en remuant régulièrement afin d'éviter que le mélange n'attache au fond. Les carottes ne doivent pas rissoler, mais jaunir tout doucement.

Au bout de 30 min de cuisson, saupoudrez légèrement les légumes de farine et remuez-les sans les écraser. Laissez cuire ainsi 2 min, puis ajoutez le lait et le bouillon. Assaisonnez avec le poivre et la noix muscade. Portez à ébullition en remuant avec précaution.

Laissez mijoter à découvert pendant encore 20 min, afin de permettre à la sauce d'épaissir jusqu'à obtention de la consistance désirée. Quelques minutes avant de servir, liez la sauce avec les jaunes d'œufs, mélangez délicatement, puis saupoudrez les légumes de persil finement ciselé. Goûtez puis rectifiez l'assaisonnement si nécessaire.

tour de main

Les carottes nouvelles sont juste grattées et lavées rapidement sous de l'eau courante. En hiver, il vaut mieux peler les carottes au couteau économe et n'en utiliser que le rouge si leur cœur est dur et jaunâtre. Dans ce cas, prévoyez deux carottes supplémentaires. Au moment de lier la sauce avec les jaunes d'œufs, veillez à ne pas laisser reprendre l'ébullition, sans quoi ils durciraient et donneraient une consistance granuleuse à la sauce.

CUISINE MINCEUR

Remplacez les 50 g de beurre par 25 g de margarine, et faites cuire les légumes à l'étouffée (dans leur jus, à couvert) tout en surveillant régulièrement la cuisson afin que les carottes ne se réduisent pas en purée.

Vous pouvez encore alléger ce plat en liant la sauce avec une cuillerée à soupe de Maïzena mélangée à du bouillon dégraissé, à la place des deux jaunes d'œufs.

CUISINE RAPIDE ET MICRO-ONDES

Préparez carottes et oignons. Mettez le beurre dans un plat creux, ajoutez les légumes émincés, salez et sucrez légèrement, couvrez, et laissez cuire à puissance maximale 7 à 9 min, en remuant de temps en temps. Ajoutez le bouillon et le lait en en réduisant la quantité d'un bon tiers, remettez à cuire à découvert 2 ou 3 min, en remuant pour éviter que le liquide ne déborde. Mélangez de la Maïzena avec un peu de jus, incorporez-la à la sauce, puis faites cuire par séquence de 30 s jusqu'à ce que vous ayez obtenu la consistance désirée.

RECOMMANDATIONS

Servez avec un beaujolais-villages ou un bourgueil.
Les carottes aux oignons accompagnent très bien les viandes blanches.

Pâtisseries

Tarte Tatin à l'ancienne

pour 6 personnes

- 500 g de pommes Reines des reinettes
- 60 g de beurre
- 60 g de sucre en poudre

POUR LA PÂTE BRISÉE :
- 200 g de farine
- 110 g de beurre
- 1 cuil. à s. d'huile
- 1 pincée de sel
- eau

Les ingrédients

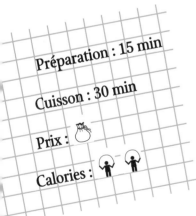

Préparation : 15 min

Cuisson : 30 min

Prix :

Calories :

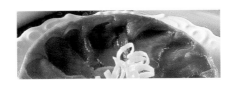

Faites chauffer le four à 220 °, thermostat 7. Préparez la pâte brisée : au milieu de la farine, creusez un puits et versez l'huile, le sel et le beurre en morceaux. Travaillez légèrement la pâte du bout des doigts et mouillez d'eau. Pétrissez rapidement la pâte avec la paume de la main. Laissez-la en boule pendant que vous accommodez les pommes.

Préparez le moule : le plat idéal est un plat en cuivre étamé peu profond. Tapissez ce moule d'une épaisse couche de beurre (utilisez environ 40 g de beurre) et saupoudrez uniformément par-dessus la moitié du sucre. Pelez les pommes, évidez-les et coupez-les en gros quartiers.

Disposez les quartiers de pomme, face arrondie contre le fond du moule, en les serrant bien. Faites fondre le reste de beurre. Arrosez les pommes avec le beurre fondu et saupoudrez avec le sucre restant. Abaissez la pâte brisée sur 3 mm d'épaisseur et recouvrez-en les pommes en pressant légèrement sur les bords.

Enfournez la tarte et faites cuire pendant environ 30 min. Démoulez la tarte pendant qu'elle est encore chaude, directement sur un plat de service. Servez tiède ou froid.

tour de main

Un pot de crème fraîche accompagne souvent la tarte Tatin chaude. Laissez-la fondre sur les pommes : elle fera ressortir tout le parfum des fruits.

Pour ne pas déchirer la pâte après l'avoir abaissée sur un plan de travail fariné, enroulez-la sur le rouleau à pâtisserie et déroulez-la au-dessus de la garniture.

Plus vous travaillez rapidement la pâte brisée, plus elle est légère. Remplacez éventuellement l'eau par deux glaçons : réussite assurée.

CUISINE MINCEUR

Allégez cette recette en remplaçant le sucre par du fructose : cet édulcorant naturel supporte très bien les températures élevées et caramélise facilement. Il donnera une jolie couleur à la tarte.

CUISINE RAPIDE ET MICRO-ONDES

Si vous cuisez la tarte au four à micro-ondes, modifiez légèrement la composition de la pâte : ajoutez aux ingrédients un œuf que vous incorporerez avec le beurre.

Commencez par faire blondir le beurre et le sucre dans le moule pendant 6 min à pleine puissance. Placez les pommes, saupoudrez de sucre et de beurre et refaites cuire 5 min à pleine puissance. Disposez la pâte et replacez le moule dans le four 10 min à pleine puissance en tournant le moule toutes les 2 min d'un quart de tour. Laissez reposer dans le four pendant 5 min.

RECOMMANDATIONS

Servez avec un vin de paille ou un jurançon.
La Reine des reinettes a un goût légèrement acidulé et ne se défait pas à la cuisson. On la trouve de septembre à décembre.
Essayez cette recette avec des abricots bien mûrs : dénoyautez-les et disposez-les, côté bombé contre le moule, en les serrant les uns contre les autres.

Gâteau à la liqueur de whisky

pour 6 personnes

- 500 g de crème fleurette
- 300 g de chocolat de couverture
- 20 cl de drambuie
- 50 g de sucre en poudre
- 10 biscuits à la cuillère
- 1 cuil. à s. de beurre
- 1 cuil. à s. d'huile
- sucre glace

Préparation : 35 min

Cuisson : 10 min

Prix :

Calories :

Attente : 4 h

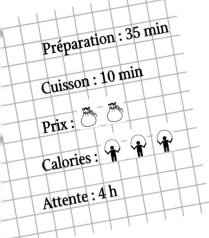

Faites fondre le chocolat au bain-marie avec deux cuillerées à soupe de liqueur de whisky, une cuillerée à soupe de crème fleurette et le beurre. Fouettez de temps en temps le mélange jusqu'à obtenir une crème lisse. Placez le reste de la crème fleurette dans le congélateur.

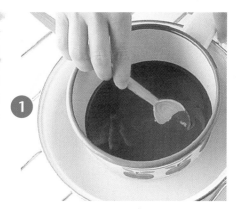

Pendant ce temps, huilez une grande feuille de papier d'aluminium et garnissez-en un moule d'environ 30 cm de diamètre. Lissez bien le papier pour qu'il plisse le moins possible. Versez dedans les deux tiers du chocolat, et répartissez-le sur toute la surface et les parois en faisant osciller le moule. La couche doit avoir environ 5 mm d'épaisseur et être régulière. Gardez le reste du chocolat au chaud.

Placez le moule à durcir dans le réfrigérateur, et sortez la crème fleurette refroidie. Fouettez-la en chantilly légère, en ajoutant peu à peu le sucre et deux cuillerées à soupe de liqueur. Sortez le moule et garnissez-le de crème fouettée. Fendez les biscuits en deux dans le sens de l'épaisseur et étalez-les sur la crème.

Arrosez-les du reste de liqueur, puis du reste de chocolat chaud. Lissez la surface à la spatule, et placez le moule au réfrigérateur pendant au moins 4 h. Environ 1 h avant de servir, démoulez le gâteau sur un plat de service, retirez délicatement le papier d'aluminium. Saupoudrez le dessert de sucre glace au moment de le servir.

tour de main

Les moules à tarte à bords cannelés ne facilitent pas le démoulage. Préférez les parois lisses.
Lissez bien le papier d'aluminium dans le fond du plat : cela évitera qu'il se déchire au moment du démoulage.
Pour apprécier toute la finesse de ce gâteau, il est important que le chocolat ne soit pas trop épais. Aidez-vous éventuellement d'un pinceau pour bien le répartir sur les parois du récipient.

CUISINE MINCEUR

Vous pouvez, en vous inspirant de cette recette, servir une simple crème fouettée allégée, parfumée au drambuie. Utilisez du lait concentré non sucré – très peu gras – à la place de la crème fraîche, sucrez légèrement avec un édulcorant de synthèse, aromatisez avec la liqueur de whisky, et placez au frais jusqu'au moment de servir.

CUISINE RAPIDE ET MICRO-ONDES

Le four à micro-ondes convient parfaitement pour faire fondre le chocolat. Placez le chocolat cassé en morceaux, la crème fraîche, l'alcool et le beurre dans une jatte en Pyrex, et faites chauffer environ 3 min à puissance maximale. Sortez le récipient du four, et fouettez énergiquement le mélange pour obtenir une pâte lisse.

RECOMMANDATIONS

Ce gâteau contient déjà une liqueur au goût prononcé. Accompagnez-le de la même liqueur, ou bien d'un vin blanc frais, comme un chablis.
Le drambuie, liqueur assez sucrée et très parfumée, se trouve dans la plupart des grandes surfaces et dans tous les magasins de vins et spiritueux. Utilisez-la également pour parfumer une sauce chaude au chocolat qui servira à napper des boules de glace : c'est délicieux.

Gâteau à la confiture

pour 4 personnes

- 230 g de farine
- 180 g de sucre
- 110 g de beurre
- 10 framboises
- 7 cuil. à s. de gelée de framboise
- 2 œufs
- 2 cuil. à c. de levure chimique
- 1,5 dl de lait

Préparation : 25 min

Cuisson : 1 h 30

Prix :

Calories :

Beurrez un moule à flan de 1 l. Versez la gelée de framboise dans une petite casserole et faites-la fondre à feu doux. Lorsqu'elle est liquide, nappez-en le fond du moule ainsi que les parois à mi-hauteur. Nettoyez les framboises et équeutez-les.

Tamisez ensemble la farine et la levure au-dessus d'un saladier. Incorporez-y le beurre en petits morceaux et travaillez la pâte jusqu'à ce que se forment des grumeaux. Mélangez-y alors les œufs battus et le sucre. Lorsque la préparation est homogène, ajoutez le lait progressivement, puis les framboises. Versez la pâte dans le moule.

Couvrez le récipient d'une feuille de papier sulfurisé huilé, liez-le avec une ficelle et recouvrez-le d'une épaisseur de papier d'aluminium. Disposez-le sur un trépied, au fond d'un grand faitout, que vous remplirez d'eau bouillante jusqu'à mi-hauteur du moule. Couvrez le récipient et placez-le sur le feu. Laissez cuire le gâteau 1 h 30 à feu doux.

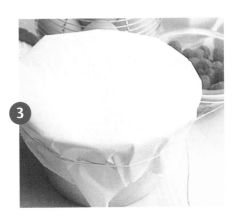

Au terme de la cuisson, la pâte doit être prise. Retirez le faitout du feu, sortez le moule de l'eau, ôtez les feuilles de papier, placez un plat de service renversé sur le moule et retournez le tout. Servez le gâteau chaud, de préférence.

tour de main

Relevez la gelée d'une cuillerée à soupe de liqueur de framboise ou d'alcool blanc du même fruit. Cela corsera la saveur du gâteau.
La pâtisserie reste beaucoup plus moelleuse lors d'une cuisson à la vapeur dans une casserole d'eau que lorsqu'elle est cuite au four.
Si vous ne disposez pas de trépied, retournez une assiette creuse au fond de la casserole et posez le moule dessus.

CUISINE MINCEUR
La confiture apporte une note fondante indispensable au gâteau. La supprimer ferait perdre à cette pâtisserie tout son attrait. Si vous surveillez votre ligne, mieux vaut oublier ce dessert et de lui préférer quelques framboises fraîches.

CUISINE RAPIDE ET MICRO-ONDES
Le four à micro-ondes permet de réduire le temps de cuisson. Procédez comme dans la recette en utilisant un moule à flan en verre. Enfournez le gâteau et faites-le cuire 13 min à pleine puissance. Laissez-le reposer 10 min avant de le sortir du four et de démouler.

RECOMMANDATIONS
Servez avec ce dessert un muscat de Rivesaltes.
Ce gâteau permet d'utiliser avec profit une confiture maison trop cuite, souvent trop épaisse pour être consommée sur des tartines. Une fois chauffée, elle devient liquide et d'emploi facile. Pensez à la filtrer avant de l'utiliser, pour supprimer toute peau, graine ou morceau de fruit.

Gâteau léger au cacao

pour 6 à 8 personnes

- 150 g de farine
- 120 g de yaourt
- 75 g de sucre
- 40 g d'huile
- 3 œufs
- 1 citron
- 1 sachet de levure chimique
- 1 cuil. à s. de cacao amer
- 1 verre à liqueur de rhum
- sucre glace pour le moule :
  - 20 g de beurre
  - 1 cuil. à s. de farine

Les ingrédients

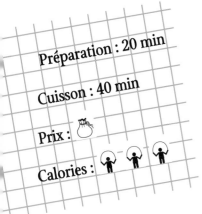

Préparation : 20 min

Cuisson : 40 min

Prix :

Calories :

Faites chauffer le four à 190 °, thermostat 5-6. Lavez le citron, essuyez-le, puis râpez-en le zeste. Beurrez et farinez un moule à manqué. Cassez les œufs dans une terrine, ajoutez le sucre et fouettez jusqu'à l'obtention d'un mélange mousseux.

Versez le yaourt dans un bol, battez-le pour le rendre parfaitement lisse, puis ajoutez-le à la préparation aux œufs. Mélangez bien.

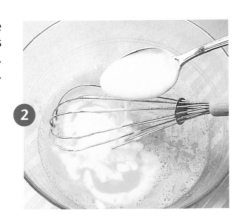

Mélangez la farine, la levure tamisée, le zeste de citron et le cacao. Ajoutez ce mélange à l'appareil précédent, en procédant par petites quantités. Vous devez obtenir une pâte parfaitement homogène.

Incorporez enfin l'huile et le rhum, mélangez une dernière fois et versez la pâte dans le moule. Glissez le moule dans le four chaud et laissez cuire 40 min environ, jusqu'à ce que le gâteau soit bien gonflé.

tour de main

N'omettez pas de battre le yaourt avant de l'incorporer aux œufs, sans quoi il ne se mélangerait pas bien. Pensez à tamiser la levure et le cacao : ces deux ingrédients forment facilement des grumeaux qui durcissent à la cuisson. Utilisez une simple passoire à thé.

CUISINE MINCEUR

Malgré sa relative légèreté, ce gâteau reste un dessert et, en tant que tel, il est un peu riche pour figurer dans un régime minceur. Permettez-vous une petite part, légère incartade qui ne sera pas trop lourde... de conséquences.

CUISINE RAPIDE ET MICRO-ONDES

Ce gâteau est un peu trop important pour cuire de manière homogène dans un four à micro-ondes.

Divisez la pâte en deux et répartissez-la entre deux petits moules. Faites chauffer à puissance maximale 8 min, en faisant pivoter les moules deux fois. Laissez reposer 5 min. Si les gâteaux ne vous semblent pas assez cuits, prolongez la cuisson de minute en minute. Attention toutefois qu'en sortant du four à micro-ondes, les gâteaux sont encore humides : cela ne veut pas dire qu'ils ne sont pas cuits. Ils sèchent en quelques minutes.

RECOMMANDATIONS

Un gâteau simple et assez léger, à servir en dessert avec le café, à l'heure du thé, ou au petit déjeuner.

Choisissez de préférence une huile au goût très neutre, ou bien une huile de noisette.

Le cacao utilisé sera déterminant pour la saveur du gâteau : un bon cacao amer est indispensable.

Vous pouvez remplacer la farine blanche par de la farine complète : vous obtiendrez ainsi un gâteau plus nutritif, riche en fibre et en sels minéraux, parfait pour un goûter revigorant.

Gâteau des Vikings

pour 6 personnes

- 200 g de biscuits secs (de type petits-beurre)
- 200 g de sucre semoule
- 150 g de beurre
- 120 g de noisettes entières
- 100 g de cacao en poudre non sucré
- 1 œuf et 1 jaune
- 4 cuil. à s. de rhum

POUR LA DÉCORATION :

- 2 dl de crème fraîche liquide
- 1 sachet de sucre vanillé
- cerises confites

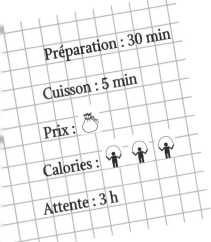

Préparation : 30 min

Cuisson : 5 min

Prix :

Calories :

Attente : 3 h

Faites chauffer le four à 180 °, thermostat 5, puis mettez-y les noisettes à griller quelques minutes. Retirez-les et hachez-les grossièrement. Cassez l'œuf entier dans une terrine, ajoutez le jaune et le sucre, et fouettez le mélange jusqu'à ce qu'il devienne blanc et mousseux. Incorporez le cacao et mélangez soigneusement.

Réduisez les biscuits en miettes, mélangez-les aux noisettes grillées et hachées, puis versez ce mélange dans la terrine. Remuez bien. Coupez le beurre en morceaux dans une casserole et faites-le fondre au bain-marie.

Versez le beurre dans la pâte au cacao, en remuant sans cesse à la cuillère en bois de façon à obtenir un mélange homogène. Incorporez enfin le rhum. Garnissez une terrine ronde de papier d'aluminium.

Versez-y la pâte au cacao, en appuyant avec le dos d'une cuillère pour tasser. Placez la terrine dans le haut du réfrigérateur et laissez-la prendre au moins 3 h. Au moment de servir, montez la crème fraîche en chantilly avec le sucre vanillé. Démoulez le gâteau sur un plat de service, décorez-le de chantilly à l'aide d'une poche à douille et terminez avec les cerises confites.

tour de main

Lorsqu'elle est destinée à la décoration, la chantilly doit être assez prise. Vous pouvez donc utiliser un fouet électrique ou un robot ménager, en prenant cependant garde de ne pas transformer la crème en beurre. Placez la terrine et la crème dans le freezer 10 min avant de monter la chantilly. Si la crème fraîche que vous utilisez est un peu épaisse, ajoutez-y une ou deux cuillerées à soupe d'eau glacée.

CUISINE MINCEUR

Si vous suivez un régime pour reprendre du poids, ce gâteau peut vous aider... comptez au bas mot 500 kcal par portion. Il est préférable de s'abstenir dans le cadre d'un régime minceur. Croquez plutôt deux carrés de chocolat noir amer (au moins 70 % de cacao), riche en magnésium et peu sucré.

CUISINE RAPIDE ET MICRO-ONDES
Le four à micro-ondes n'est d'aucune utilité pour cette recette.

RECOMMANDATIONS
Un café corsé se mariera fort bien avec ce gâteau assez alcoolisé. Vous pouvez aussi servir des liqueurs (de cacao, de café, de noisette) ou un bon rhum. Ce gâteau ne subissant aucune cuisson, il est important que tous les ingrédients soient d'excellente qualité et de toute première fraîcheur. Soyez très exigeant pour les œufs et le beurre. L'appellation exotique de ce gâteau provient sans doute de la quantité de rhum qu'il comporte. Les marins apprécient particulièrement, si l'on en croit le capitaine Haddock, cet alcool parfumé et très remontant.

PÂTISSERIES

Charlotte glacée vanille-chocolat

pour 6 personnes

- 1 kg de glace à la vanille
- 100 g de chocolat à cuire
- 3 dl de crème fleurette
- 20 biscuits à la cuiller
- 6 cuil. à s. de Cointreau
- 1 paquet de sucre vanillé

les ingrédients

Préparation : 1 h

Prix :

Calories :

Attente : 8 h

Sortez la glace du congélateur pour la faire ramollir. Versez dans une assiette creuse la moitié de l'alcool et un verre d'eau. Trempez un par un les biscuits à la cuiller et foncez-en un moule à charlotte de 1 l à bords lisses, en commençant par le fond et en terminant par les parois.

Remplissez le moule de glace à la vanille pas trop dure et égalisez la surface avec le dos d'une cuillère métallique. Couvrez d'un disque de papier huilé et placez au congélateur pendant 8 h.

30 min avant de servir, cassez le chocolat en morceaux et faites-le fondre dans une petite casserole placée au bain-marie. Montez la crème fleurette en chantilly bien ferme et ajoutez le sucre vanillé au dernier moment.

Au moment de servir, démoulez délicatement la charlotte. Incorporez le chocolat encore chaud et le reste de l'alcool à la chantilly. Placez la crème dans une poche à douille et dessinez à la surface de la charlotte des motifs décoratifs. Formez une couronne de crème à la base du dessert et servez aussitôt.

tour de main

La charlotte est bien meilleure lorsqu'elle est confectionnée la veille. L'alcool imprègne bien les biscuits et le gâteau prend une bonne consistance. Mais n'ajoutez la crème Chantilly qu'au dernier moment.
La charlotte se démoule sans problème si vous plongez 1 min le fond du moule dans de l'eau très chaude. Retournez alors le moule sur votre plat de service.

CUISINE MINCEUR

Confectionnez une glace à la vanille allégée et sans sucre avec huit jaunes d'œufs, 50 cl de lait écrémé, 1/2 l de crème fraîche allégée, 100 g d'édulcorant en poudre et une gousse de vanille. Faites chauffer le lait, la crème et la vanille. Pendant ce temps, battez au fouet électrique les jaunes et l'édulcorant pendant 10 min. Retirez la gousse et versez progressivement le liquide chaud sans cesser de battre. Chauffez la crème au bain-marie jusqu'à ce qu'elle épaississe. Laissez refroidir, faites prendre en sorbetière.

CUISINE RAPIDE ET MICRO-ONDES

Aucune cuisson pour ce dessert simple et rapide à réaliser. Il est seulement nécessaire de le préparer suffisamment longtemps à l'avance afin que la charlotte « prenne ».

RECOMMANDATIONS

Accompagnez la charlotte d'un champagne demi-sec ou d'une clairette de Die.
La qualité du chocolat est importante pour que la charlotte développe son parfum. Choisissez un chocolat noir amer, qualité « pâtisserie » contenant au moins 55 % de cacao.
Pour des enfants, remplacez l'acool de macération par deux cuillerées d'eau de fleur d'oranger ou quatre de jus d'oranges fraîchement pressées.

Brownies

pour 6 personnes

- 180 g de sucre
- 100 g de beurre
- 100 g de chocolat à cuire
- 100 g de farine
- 100 g de noix
- 2 œufs
- 1 cuil. à c. de vanille liquide
- 1 cuil. à c. de levure chimique
- 1 pincée de sel

Préparation : 10 min

Cuisson : 30 min

Prix :

Calories :

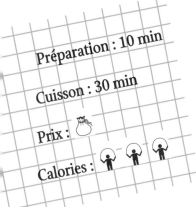

Faites chauffer le four à 180°, thermostat 5. Pendant ce temps, dans un bol placé au bain-marie dans une casserole d'eau, faites fondre le chocolat cassé en petits morceaux avec deux cuillerées d'eau froide.

Dans une terrine, battez énergiquement le beurre, le sucre et le sel. Lorsque le mélange blanchit, ajoutez le chocolat fondu, puis les jaunes d'œufs, un par un, en mélangeant bien. Incorporez la levure, la vanille et la farine, à l'exception d'une cuillerée à soupe que vous mettrez de côté. Battez les blancs en neige ferme et ajoutez-les délicatement à la préparation.

Décortiquez les noix et hachez-les grossièrement. Roulez-les dans la cuillerée de farine restante, puis incorporez-les à la pâte et mélangez rapidement. Beurrez une tourtière carrée de 20 cm de côté, chemisez-la de papier sulfurisé et versez la préparation dans le moule.

Enfournez la préparation et faites cuire 30 min. Sortez du four et laissez refroidir dans la tourtière avant de démouler. Découpez le gâteau en carrés de 5 cm de côté, saupoudrez éventuellement de sucre glace pour décorer et servez bien froid.

tour de main

Vous pouvez remplacer les noix hachées par des noix de pécan, des noisettes ou des amandes. Variez le goût des brownies en ajoutant l'équivalent d'une demi-tasse de noix de coco râpée ou bien trois cuillerées à soupe de beurre de cacahuètes, une demi-tasse de fruits confits, d'écorces d'oranges, de dattes séchées coupées en petits dés...

CUISINE MINCEUR

Faites fondre à feu doux 20 g de farine de caroube dans 50 cl de lait de soja. Ajoutez 200 g de caroube en barres, cassées en morceaux, et 20 g de beurre. Faites fondre à petit feu. Éteignez et continuez à remuer, puis laissez tiédir. Ajoutez 50 g de pétales de maïs et incorporez-les. Partagez la préparation en petites bouchées sur une plaque chemisée de papier huilé. Parsemez d'amandes effilées et placez au frais pendant 2 h.

CUISINE RAPIDE ET MICRO-ONDES

Vous pouvez faire fondre le chocolat dans le four à micro-ondes. Cassez-le en morceaux dans un bol en Pyrex, ajoutez deux cuillerées à soupe d'eau et réglez à pleine puissance pendant 1 min. A la sortie du four, battez pour obtenir une pâte lisse.

RECOMMANDATIONS

Servez un banyuls ou un pineau des Charentes.
Aux États-Unis, les brownies sont accompagnés traditionnellement de crème fraîche, de crème chantilly ou, d'une boule de glace à la vanille.
Conservez les brownies dans une boîte métallique à l'abri de l'air et de la lumière.
La caroube est un parfait substitut du chocolat. Elle se présente soit sous la forme de tablettes, comme le chocolat, soit en poudre ou en «farine». Vous la trouverez dans les magasins de produits diététiques et macrobiotiques.

PÂTISSERIES

Gâteau à la compote

pour 6 personnes

- 500 g de farine
- 150 g de sucre
- 150 g de beurre + 20 g pour le moule
- 150 g de noix hachées
- 6 œufs
- 2 pommes
- 1 cuil. à s. de miel liquide
- cassonade
- 1 cuil. à s. de levure chimique

les ingrédients

Préparation : 30 min

Cuisson : 1 h 30

Prix :

Calories :

Préparez la compote. *P*elez les pommes, retirez-en le cœur et coupez la chair en morceaux. *F*aites-les cuire 20 min environ, à feu doux, dans une casserole, avec deux cuillerées d'eau et le sucre. *D*ès qu'ils sont cuits, passez-les à la moulinette, et réservez. *F*aites chauffer le four à 180 °, thermostat 5.

*T*amisez la farine au-dessus d'un saladier. *A*joutez-y le beurre coupé en petites parcelles et travaillez le mélange du bout des doigts pour amalgamer les ingrédients. *A*joutez les œufs entiers un à un, puis la compote de pommes tiède. *I*ncorporez enfin les noix hachées et mélangez bien.

*B*eurrez un moule rond d'environ 20 cm de diamètre et chemisez-le de papier sulfurisé. *V*ersez-y la préparation. *E*nfournez le gâteau et faites-le cuire pendant 1 h 10. *E*n fin de cuisson seulement, ouvrez le four et plongez une brochette dans la pâte : elle doit ressortir propre et à peine humide. *S*ortez alors le gâteau du four et retournez-le sur une assiette ; retirez délicatement le papier sulfurisé, puis retournez le gâteau sur une grille.

*B*adigeonnez la surface de miel et saupoudrez-la régulièrement de cassonade. *L*aissez refroidir le gâteau avant de le servir.

tour de main

Parfumez le gâteau en ajoutant à la compote une pointe de cannelle en poudre ou un zeste de citron râpé. Si vous choisissez des pommes à la saveur douce, il n'est pas indispensable de sucrer la compote. Si vous en éprouvez cependant l'envie, utilisez de préférence de la cassonade ou du miel qui relèveront la saveur du gâteau.

CUISINE MINCEUR

L'idéal serait de vous passer du gâteau et de ne savourer que la compote... Confectionnez-la avec six pommes au lieu de deux, sucrez-la avec un édulcorant de synthèse, parfumez au citron, à l'orange, au gingembre, à la cannelle ou à la noix muscade, selon votre goût, et servez tiède.

CUISINE RAPIDE ET MICRO-ONDES

La compote peut parfaitement être préparée dans le four à micro-ondes : placez les morceaux de fruits pelés dans un plat en Pyrex, n'ajoutez qu'une cuillerée d'eau, couvrez, et faites cuire 6 min à pleine puissance. Laissez reposer les pommes 2 min avant de les sortir et de les écraser en purée.

RECOMMANDATIONS

Ce gâteau, très énergétique, est parfait à l'heure du goûter ou même au petit déjeuner. Toutes les boissons de circonstance l'accompagnent très bien : thé, café, chocolat chaud...
Présentez cette pâtisserie coupée en parts et accompagnée d'un pot de crème fraîche. Vous pouvez aussi la servir avec une boule de glace à la vanille.
Vous pouvez préparer cette pâtisserie à l'avance. Elle est même meilleure le lendemain de sa réalisation.
Une fois le gâteau entamé, enveloppez-le dans du film plastique : il se conserve plusieurs jours.

Crumble aux fruits

pour 6 personnes

- 4 pommes boskoop
- 125 g de farine
- 100 g de beurre mou
- 75 g de sucre cristallisé
- 3 cuil. à s. de confiture de framboises
- le jus de 1 citron
- 1/2 cuil. à c. de cannelle en poudre
- 1 pincée de sel fin
- crème fraîche

Les ingrédients

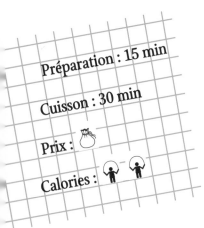

Préparation : 15 min

Cuisson : 30 min

Prix :

Calories :

Faites chauffer le four à 200 °, thermostat 6. Pendant ce temps, pelez les pommes avec un couteau économe et coupez-les en fines lamelles. Au fur et à mesure, placez les tranches dans un saladier contenant le jus de citron, et enduisez les morceaux de pommes de jus afin qu'ils ne noircissent pas.

Prélevez sur la quantité de beurre l'équivalant de 20 g pour graisser copieusement un moule à tarte en porcelaine à feu ou en Pyrex. Tapissez le fond du récipient avec les pommes. Recouvrez les fruits d'une couche de confiture de framboises.

Préparez la croûte du crumble : dans un saladier, mélangez avec une cuillère en bois ou avec les doigts le reste du beurre ramolli, la farine, le sel, le sucre et la cannelle en poudre. Vous devez obtenir une pâte grumeleuse.

Versez cette préparation sur les fruits et placez le moule au four pendant 30 min, le temps de cuire les pommes. Sortez le crumble du four, et laissez-le refroidir 20 min avant de le servir, tiède, accompagné de crème fraîche.

tour de main

Ce desert peut être préparé à partir de toutes sortes de fruits. En été, utilisez des fruits rouges comme des fraises, des groseilles, des framboises, des cassis... Les abricots et les pêches se prêtent également bien à cette préparation. Tous ces fruits étant très juteux, placez au fond du plat, avant de les y disposer, une couche de biscuits à la cuiller, qui absorberont le suplus de jus de cuisson. En hiver, remplacez les pommes par des poires, ou ajoutez-y des rondelles d'ananas frais et une goutte de rhum.

CUISINE MINCEUR

Si vous employez des fruits bien mûrs, vous pouvez réduire considérablement la quantité de confiture nappant les fruits, voire la supprimer. Si vous ne supportez pas l'acidité des fruits, remplacez la confiture par un édulcorant naturel comme le fructose. Pour préparer la croûte, utilisez également du fructose, qui caramélise bien à la cuisson. Et, bien sûr, évitez la crème fraîche... Même ainsi, le crumble reste très calorique.

CUISINE RAPIDE ET MICRO-ONDES

Vous pouvez cuire le crumble au four à micro-ondes : dans un plat beurré allant au four, disposez les fruits et la confiture. Couvrez, et faites chauffer 8 min à puissance maximale. Vérifiez la cuisson et recouvrez la préparation du mélange de farine, de sucre, de beurre, de sel et de cannelle. Allumez le gril du four traditionnel et faites dorer quelques minutes la surface de la pâte. Servez tiède.

RECOMMANDATIONS

Offrez avec le crumble un côtes-de-provence bien frais.
Ce plat est très facile à réaliser.
Vous pouvez aussi bien le préparer au dernier moment que le faire dans la journée et le réchauffer 20 min à four doux avant de le servir.

Couronne rustique au citron

pour 6 personnes

- 500 g de pommes de terre
- 6 œufs
- 150 g de sucre semoule
- le zeste râpé de 1 citron
- 1 cuil. à s. de jus de citron
- 80 g de raisins secs
- 1 noix de beurre
- 1 cuil. à s. de chapelure
- sucre glace
- sel

Les ingrédients

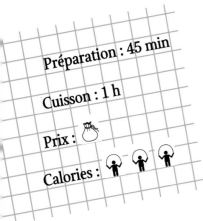

Préparation : 45 min

Cuisson : 1 h

Prix :

Calories :

Faites tremper les raisins secs 45 min dans un bol d'eau tiède. Pendant ce temps, portez à ébullition une casserole d'eau peu salée, plongez-y les pommes de terre et laissez-les cuire 25 min. Égouttez-les, pelez-les et écrasez-les au presse-purée. Laissez la purée refroidir. Battez dans une terrine les jaunes d'œufs et le sucre semoule, jusqu'à l'obtention d'un mélange mousseux.

Ajoutez-y le zeste râpé et le jus du citron. Pesez 350 g de purée et incorporez-la à la préparation aux œufs. Égouttez les raisins secs et joignez-les au mélange. Faites chauffer le four à 180 °, thermostat 5.

Battez les blancs d'œufs en neige ferme avec une pincée de sel, puis incorporez-les délicatement à la préparation aux pommes de terre. Beurrez un moule en couronne et parsemez-le de chapelure.

Répartissez la pâte dans le moule et faites cuire la couronne au four pendant 1 h. Sortez le moule du four. Laissez tiédir la couronne quelques instants, puis glissez la lame d'un couteau entre la pâte et la paroi du moule avant de retourner le gâteau sur un plat de service. Saupoudrez-le de sucre glace juste avant de servir.

tour de main

Vous pouvez remplacer l'eau de trempage des raisins secs par un alcool, du cognac par exemple, ou du rhum.
La pâte aux pommes de terre étant assez lourde, procédez en deux fois pour incorporer les blancs en neige. Mélangez d'abord deux cuillerées à soupe de blancs à la pâte pour l'assouplir, puis versez le reste dans la terrine. Plongez la cuillère au fond du récipient en fendant la masse en deux, puis remontez un peu de pâte par-dessus les blancs en neige. Faites pivoter la terrine d'un quart de tour et recommencez, jusqu'à l'obtention d'un mélange léger.

CUISINE MINCEUR

Si cette couronne est peu grasse, elle est en revanche très riche en glucides. Il est préférable de l'éviter dans le cadre d'un régime. Consommez plutôt une patate douce cuite en papillote, après un repas exempt de matières grasses, bien sûr.

CUISINE RAPIDE ET MICRO-ONDES

Vous pouvez faire cuire les pommes de terre dans le four à micro-ondes : grattez-les bien, lavez-les, essuyez-les et piquez-les de part en part avec la pointe d'un couteau. Enveloppez-les dans du papier absorbant, disposez-les sur une assiette, que vous glisserez dans le four. Faites-les cuire 10 min à puissance maximale, en les retournant et en les déplaçant à mi-cuisson. Laissez-les reposer 5 min avant de les réduire en purée. Salez légèrement la purée (une bonne pincée de sel suffit).

RECOMMANDATIONS

Cette couronne rustique sera la bienvenue au petit déjeuner ou au goûter, et s'accorde bien avec thé, café ou chocolat.
Vous pouvez présenter en accompagnement de la confiture ou de la gelée de fruits rouges. La gelée de groseille convient à merveille.

Soufflé de mangues

pour 6 personnes

- 750 g de mangues
- 315 g de sucre semoule
- 8 œufs
- 2 cuil. à s. de beurre
- sucre glace

Les ingrédients

Préparation : 15 min

Cuisson : 25 min

Prix :

Calories :

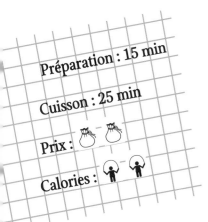

Placez le beurre près d'une source de chaleur. Lavez les mangues, coupez les deux joues de chaque fruit et détaillez la pulpe restant autour du noyau. Coupez la chair des joues en petits carrés et détachez-la avec une cuillère, sans trop racler la peau. Hachez grossièrement la pulpe des fruits et écrasez-la en purée avec une fourchette.

Cassez les œufs en séparant les blancs des jaunes. Mélangez deux jaunes avec 150 g de sucre jusqu'à l'obtention d'une crème mousseuse et blanche. Incorporez-y délicatement la purée de mangues. Montez en neige ferme les huit blancs d'œufs en y ajoutant 150 g de sucre par petites quantités. Mêlez les deux préparations très doucement à la spatule. Faites chauffer le four à 180 °, thermostat 5.

Ajoutez au mélange une cuillerée de beurre mou en tournant toujours avec beaucoup de précaution. Beurrez un moule à soufflé avec le beurre restant et saupoudrez-le avec le reste de sucre en poudre. Versez-y la préparation. Au moment de passer à table, enfournez le soufflé.

Pendant la cuisson, évitez d'ouvrir la porte du four. Comptez en tout 25 min. Deux minutes avant de sortir le soufflé du four, poudrez-le de sucre glace. Ce dernier doit caraméliser en surface. Servez rapidement, avant que le soufflé ne retombe.

tour de main

Quand vous détaillez les mangues, n'utilisez pas la chair touchant le noyau, elle est parfois très filandreuse.
Si vous avez un four à chaleur tournante, n'utilisez pas l'air pulsé, car la température doit monter lentement pour que le soufflé gonfle bien.
Vous pouvez servir ce dessert dans des ramequins individuels. Ne les laissez que 15 min au four et, au bout de 12 ou 13 min, surveillez attentivement la cuisson.

CUISINE MINCEUR

Les pâtisseries, hélas, ne sont jamais au programme des régimes minceur. Si vous envisagez un petit écart, remplacez le sucre semoule par un édulcorant de synthèse supportant la cuisson, et le beurre (dans la pâte) par 30 g de fromage blanc à 20 % de matières grasses, qui apportera le moelleux indispensable.

CUISINE RAPIDE ET MICRO-ONDES
Vous pouvez utiliser le four à micro-ondes à condition de présenter le dessert en ramequins individuels. Pensez à entourer les récipients d'une feuille de papier sulfurisé dépassant les bords de 2 cm. Comptez 4 min de cuisson et maintenez les soufflés dans le four fermé pendant 2 min avant de les servir.

RECOMMANDATIONS
Servez un vin blanc moelleux, un vouvray ou un barsac.
Utilisez pour cette recette des mangues suffisamment mûres mais pas trop, car au-delà d'un certain stade de maturité elles prennent une odeur qui rappelle celle de la térébenthine !
Pour savoir si ce fruit est à point, assurez-vous que sa peau est souple quand vous la pressez du doigt. Elle doit être d'un jaune régulier, sans marbrures marron.

Tarte aux fruits confits

pour 4 personnes

POUR LA PÂTE :
- 110 g de farine
- 60 g de beurre mou
- 4 cuil. à s. de sucre
- 2 jaunes d'œufs • sel

POUR LA GARNITURE :
- 150 g de fruits confits
- 100 g de beurre
- 6 cuil. à s. de sucre
- 2 jaunes d'œufs

Les ingrédients

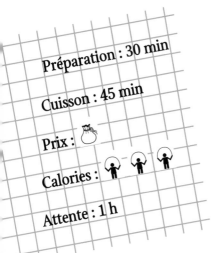

Préparation : 30 min

Cuisson : 45 min

Prix :

Calories :

Attente : 1 h

Commencez par réaliser la pâte. Disposez la farine en fontaine. Versez dedans le sel, le sucre, le beurre mou, et les jaunes d'œufs. Travaillez les ingrédients rapidement, du bout des doigts, en incorporant progressivement la farine. Rassemblez la pâte en boule, enveloppez-la dans un film plastique et laissez-la reposer 1 h dans le bas du réfrigérateur.

Sortez la pâte du réfrigérateur, et abaissez-la en un disque d'environ 20 cm de diamètre. Prélevez une noix de beurre et graissez-en un moule à tarte, que vous garnirez avec la pâte. Faites chauffer le four à 180 °, thermostat 5. Découpez grossièrement les fruits confits en lanières (écorces de cédrats, écorces d'oranges, angélique) ou en dés (bigarreaux, poires, pêches). Répartissez-les régulièrement sur le fond de pâte.

Versez les deux jaunes d'œufs dans une casserole. Ajoutez le sucre, le beurre et chauffez le mélange à feu très doux en remuant constamment avec une cuillère en bois. La préparation ne doit jamais bouillir, mais atteindre une consistance crémeuse. Éteignez alors aussitôt le feu.

Versez immédiatement la crème sur les fruits confits et placez le moule dans le four préchauffé. Faites cuire la tarte pendant 45 min. Laissez-la refroidir avant de la démouler sur une grille. Attendez quelques heures avant de la consommer : elle est meilleure froide.

tour de main

Pour parfumer davantage la tarte, vous pouvez ajouter quelques raisins secs à la préparation. Faites-les préalablement tremper 30 min dans un bol contenant un mélange, à parts égales de rhum et d'eau, bien chaud.
Vous pouvez aussi remplacer le sucre en poudre par de la cassonade ou une cuillerée à soupe de miel parfumé, comme du miel de châtaignier.

CUISINE MINCEUR

Il est difficile d'alléger cette recette : ni la pâte sablée sucrée, ni la garniture de fruits confits ne sont susceptibles d'être remplacées par quoi que ce soit. Si vous suivez un régime hypocalorique, préférez une salade ou une compote de fruits frais, éventuellement adoucies avec un édulcorant de synthèse...

CUISINE RAPIDE ET MICRO-ONDES

Vous pouvez faire cuire la tarte au four à micro-ondes, mais elle n'aura pas cet aspect doré que donne le four traditionnel. Faites cuire le fond de tarte à blanc, piqué à la fourchette, pendant 7 min, à pleine puissance. Laissez-le refroidir, garnissez-le et refaites cuire 10 min à puissance moyenne. Si le four n'est pas équipé d'un plateau tournant, faites pivoter le moule, pendant les deux phases de cuisson, d'un quart de tour toutes les 2 min.

RECOMMANDATIONS

Servez un vin blanc moelleux, monbazillac ou vouvray.
Cette tarte peut être confectionnée en toutes saisons car elle ne nécessite pas de fruits frais. Pratique à manger, et multicolore, elle est recommandée pour les goûters d'enfants. Vous pouvez même leur demander de participer à son élaboration. Ils se feront un plaisir de vous aider.

215

Tarte aux fraises caramélisée

pour 4 personnes

- 250 g de fraises
- 150 g de farine
- 80 g de beurre mou
- 80 g de sucre en morceaux
- 1 œuf
- 1 pincée de sel
- sucre glace

Les ingrédients

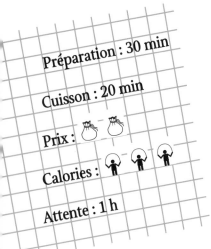

Préparation : 30 min

Cuisson : 20 min

Prix :

Calories :

Attente : 1 h

Versez la farine dans une terrine, creusez un puits dedans, et ajoutez-y le beurre coupé en petits morceaux. Travaillez le mélange du bout des doigts. Incorporez-y l'œuf et la pincée de sel, et continuez à pétrir jusqu'à obtenir une pâte lisse. Roulez-la en boule, enveloppez-la dans un film plastique, et laissez-la reposer au réfrigérateur pendant 30 min.

Faites chauffer le four à 200 °, thermostat 6. Beurrez un moule à tarte à fond amovible. Abaissez la pâte sur un plan de travail fariné, et foncez-en le moule graissé. Piquez le fond à la fourchette, et cuisez-le à blanc pendant 15 min. Sortez le moule du four, et laissez refroidir complètement le fond.

Préparez les fraises. Lavez-les sous de l'eau froide, sans les équeuter. Séchez-les sur du papier absorbant, et réservez-les. Mettez le sucre en morceaux dans une casserole, ajoutez six cuillerées à soupe d'eau froide, et faites chauffer à feu doux, en tournant constamment, jusqu'à ce que le sucre soit fondu. Lorsque le sirop bout, ne remuez plus, et laissez colorer jusqu'à obtenir un caramel doré. Retirez aussitôt la casserole du feu.

Saisissez les fraises une par une par la queue, et plongez-les 3 s dans le caramel chaud. Posez-les au fur et à mesure sur une feuille de papier huilé et laissez durcir l'enrobage. Pendant ce temps, démoulez le fond de tarte, saupoudrez-le de sucre glace. Retirez délicatement les queues des fraises, et disposez les fruits harmonieusement sur la pâte.

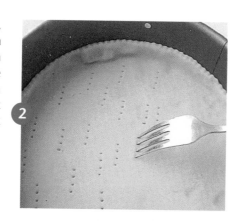

tour de main

Le caramel doit être doré, mais il ne doit surtout pas foncer. Procédez à feu doux.

Il est possible de réaliser cette tarte avec de la pâte feuilletée. Avant de l'enfourner, pensez à garnir le fond de haricots secs ou de riz pour éviter que la pâte ne gonfle au centre.

Vous pouvez transformer ce dessert en tartelettes individuelles, à présenter comme des petits fours frais : découpez la pâte en disques de 9 cm de diamètre, foncez-en des moules de 6 cm et garnissez les fonds d'une ou deux fraises.

CUISINE MINCEUR

Les tartes, d'une manière générale, ne sont pas diététiques, en raison de la pâte qui les caractérise et de la quantité de sucre employée. Pourquoi ne pas consommer les fraises telles quelles ? Mûres à point, elles sont délicieuses et très peu caloriques !

CUISINE RAPIDE ET MICRO-ONDES

Il est possible de réaliser le caramel dans le four à micro-ondes, à pleine puissance, à condition de remuer le sirop toutes les 30 s, jusqu'à ce que le sucre soit fondu, et de surveiller ensuite attentivement la cuisson, toujours à puissance maximale, en l'interrompant toutes les 10 s, mais cette fois sans remuer, jusqu'à obtenir la couleur désirée.

RECOMMANDATIONS

Servez un muscat de Beaumes-de-Venise.
Choisissez des fraises bien saines, bien rouges mais pas trop mûres. Elles s'écraseraient sous l'effet de la chaleur du caramel.
Pour les plus gourmands, accompagnez la tarte de chantilly, ou bien remplacez le sucre glace par une fine couche de crème pâtissière.

Tarte au chocolat noir

pour 6 personnes

POUR LA GARNITURE :
- 200 g de chocolat noir
- 20 cl de crème fleurette
- 8 cl de lait entier
- 1 gros œuf
- zestes d'orange ou de citron confits

POUR LA PÂTE :
- 110 g de farine
- 60 g de beurre mou
- 4 cuil. à s. de sucre glace
- 2 jaunes d'œufs
- 1 pincée de sel

Les ingrédients

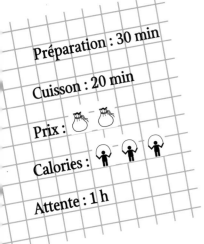

Préparation : 30 min

Cuisson : 20 min

Prix :

Calories :

Attente : 1 h

Préparez la pâte. Tamisez ensemble la farine et le sel sur un plan de travail froid. Versez au centre le sucre, le beurre mou (moins une noix pour graisser le moule) et les jaunes d'œufs. Travaillez rapidement les ingrédients placés au centre avant de les amalgamer à la farine. La pâte doit être lisse et homogène. Laissez-la reposer 1 h en boule, au frais.

tour de main

La pâte sucrée est croustillante et souple. Elle ne gonfle pas pendant la cuisson et ne se rétracte pas. Servie chaude avec une boule de glace à la vanille, cette tarte est particulièrement appréciée par les amateurs de chocolat.
Servez des parts plutôt petites car ce dessert est très riche. Il est toujours possible de se resservir...

Faites chauffer le four à 200 °, thermostat 6. Versez la crème fleurette et le lait dans une casserole, et mélangez à feu moyen jusqu'à ébullition. Retirez alors la casserole du feu et incorporez le chocolat cassé en tout petits morceaux. Remuez jusqu'à ce que le chocolat soit entièrement fondu et que le mélange soit homogène. Laissez-le refroidir dans la casserole.

CUISINE MINCEUR

La tarte au chocolat noir constitue incontestablement une entorse sévère à tout régime hypocalorique. Il est impossible d'en modifier les composants sans lui faire perdre ses caractéristiques. Résistez et croquez une pomme !

CUISINE RAPIDE ET MICRO-ONDES
Vous pouvez faire chauffer le lait et le chocolat dans le four à micro-ondes, à condition de fouetter le mélange plusieurs fois en cours de cuisson, à puissance maximale.

Beurrez un moule à tarte de 24 cm de diamètre, abaissez la pâte et foncez-en le moule. Faites cuire ce fond à blanc pendant 5 min. Sortez le moule du four. Lorsque le mélange au chocolat est froid, incorporez-y l'œuf entier, légèrement battu à la fourchette, et fouettez énergiquement la préparation jusqu'à ce qu'elle soit fluide.

RECOMMANDATIONS
Servez un bon vin de Málaga en accompagnement.
Vous pouvez remplacer la pâte sucrée par une pâte sablée, si vous préférez sa consistance plus fine et plus friable : utilisez 250 g de farine, 125 g de beurre, 60 g de sucre, un œuf, une pincée de sel et une de vanille en poudre.

Versez la crème au chocolat dans le fond de tarte précuit. Enfournez à mi-hauteur et faites cuire environ 15 min : la crème doit être ferme mais encore tremblante au centre. Sortez la tarte du four et laissez-la refroidir sur une grille avant de la démouler. Décorez-la de zestes d'orange ou de citron confits hachés, et servez tiède ou froid.

Tarte meringuée au citron

pour 6 personnes

Les ingrédients

- 1 fond de pâte brisée, fraîche
  ou surgelée
- 180 g de sucre en poudre
- 40 g de Maïzena
- 2 œufs
- 2 citrons
- 1 cuil. à c. d'extrait de vanille liquide
- 1 cuil. à c. de beurre

Préparation : 30 min

Cuisson : 40 min

Prix :

Calories :

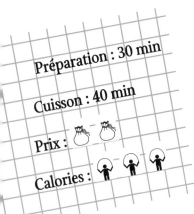

Faites chauffer le four à 200 °, thermostat 6. Étalez la pâte sur une épaisseur de 1 cm. Beurrez un moule à tarte rond de 24 cm de diamètre et garnissez-le avec l'abaisse de pâte. Posez dessus un papier sulfurisé beurré, côté gras contre la pâte, et recouvrez-le de haricots secs ou de riz. Faites cuire le fond de tarte pendant 10 min.

Retirez le moule du four, enlevez les haricots secs et le papier et remettez la pâte à cuire 10 min, puis sortez-la du four et laissez-la refroidir. Baissez la température du four à 180 °, thermostat 5. Dans une casserole, mélangez 50 g de sucre, la vanille et la Maïzena avec 15 cl d'eau froide. Faites cuire cette crème à feu doux en remuant, jusqu'à ce qu'elle épaississe. Portez-la 1 min à ébullition et retirez-la du feu.

Lavez puis pressez les citrons. Râpez les zestes. Versez le jus et les zestes râpés dans la crème. Cassez les œufs en séparant les blancs des jaunes. Battez rapidement les jaunes et ajoutez-les à la crème au citron, en mélangeant énergiquement pour qu'ils ne coagulent pas au contact de la chaleur.

Versez la garniture au citron sur le fond de pâte. Battez les deux blancs en neige très ferme et incorporez-y le reste de sucre. Fouettez ce mélange jusqu'à ce qu'il devienne nacré. Avec une cuillère à soupe, répartissez la neige sur la crème au citron en façonnant de grosses coques. Passez la tarte 10 min au four pour faire dorer la meringue. Laissez ce dessert refroidir avant de le servir.

tour de main

Préparez la pâte brisée : tamisez ensemble 140 g de farine, une pincée de sel et une cuillerée à café de sucre en poudre. Creusez un puits au centre et versez dedans 90 g de beurre mou. Travaillez rapidement la pâte du bout des doigts jusqu'à ce qu'elle devienne granuleuse. Battez à part un jaune d'œuf avec deux cuillerées à soupe d'eau. Versez cette liaison sur la pâte et malaxez jusqu'à ce qu'elle devienne souple. Ajoutez éventuellement une ou deux cuillerées d'eau. Rassemblez la pâte en boule et laissez-la reposer 30 min avant de l'étaler.

CUISINE MINCEUR

Plus diététique ? Mélangez dans un saladier 40 g de miel, le jus et le zeste râpé d'une orange, le jus d'un citron et 450 g de yaourt maigre. Battez en neige trois blancs d'œufs et incorporez-les délicatement à la préparation. Répartissez la mousse dans six coupelles et placez-les au frais jusqu'au moment de servir.

CUISINE RAPIDE ET MICRO-ONDES

Faites cuire la garniture au citron dans le four à micro-ondes : placez tous les ingrédients nécessaires dans un bol, mélangez-les à froid et faites chauffer la crème 4 min à puissance maximale, en la fouettant toutes les 30 s, jusqu'à ce qu'elle ait épaissi.

RECOMMANDATIONS

Servez avec ce dessert un vin d'Alsace, sélection de grains nobles, comme un muscat, qui se marie très bien avec l'acidité du citron. Utilisez toujours des agrumes non traités. A défaut, prenez la précaution de brosser soigneusement l'écorce des fruits sous l'eau froide avant de prélever les zestes.
Vous pouvez ajouter à la crème au citron, avant de la verser sur la pâte, 40 g de poudre d'amandes.

Entremets

ENTREMETS

Crème douce à l'orange

pour 6 personnes

- 4 œufs
- 15 cl de crème fraîche
- 10 cl de jus d'orange frais
- 1 poignée d'écorces d'oranges confites
- le zeste de 1 orange
- 5 cuil. à s. de sucre en poudre
- 1 cuil. à s. de jus de citron
- 1 feuille et demie de gélatine
- 1 cuil. à s. de cacao amer en poudre

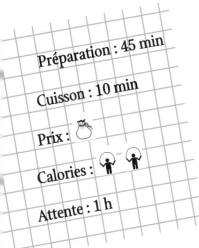

Préparation : 45 min

Cuisson : 10 min

Prix :

Calories :

Attente : 1 h

Faites tremper la gélatine dans un bol d'eau froide pendant 10 min. Pendant ce temps, cassez les œufs en séparant les blancs des jaunes. Tapissez un tamis d'un linge fin et faites bouillir une casserole d'eau.

Passez les jus d'orange et de citron à travers le tamis et réservez-les. Versez le sucre en poudre dans la terrine contenant les jaunes d'œufs et fouettez ce mélange jusqu'à ce qu'il devienne blanc et mousseux. Incorporez alors le jus des agrumes. Installez la terrine au bain-marie, au-dessus de la casserole d'eau frémissante et laissez cuire la préparation 10 min, en remuant sans arrêt.

Lorsque le mélange a épaissi, ajoutez-y la gélatine fondue et bien égouttée et continuez de remuer pour qu'elle se dissolve complètement. Retirez la casserole du feu et réservez. Râpez finement le zeste d'orange et joignez-le à la préparation. Fouettez séparément la crème fraîche en chantilly, puis les blancs d'œufs en neige ferme.

Incorporez d'abord la crème Chantilly aux jaunes d'œufs, puis ajoutez-y les blancs en neige, et mélangez délicatement en soulevant la masse. Répartissez le dessert dans six coupelles et placez-les au réfrigérateur pendant au moins 1 h. Juste avant de servir, saupoudrez les entremets de cacao amer et terminez la décoration par les écorces d'oranges confites coupées en bâtonnets.

tour de main

Lorsque vous utilisez la peau des agrumes (et d'une manière générale), il est préférable d'acheter des fruits non traités. Si vous n'en trouvez pas, brossez les écorces sous l'eau froide pendant au moins 1 min pour retirer autant que possible les pesticides et les produits de conservation dont les fruits sont recouverts, voire imprégnés.
Même si cela prend plus de temps, fouettez vous-même la crème fraîche en chantilly. Celle qui est vendue en bombe rend parfois service, mais elle ne convient pas pour ce genre de préparation, qui demande une crème ferme.

CUISINE MINCEUR

Cette recette peut devenir presque diététique si vous supprimez la crème fraîche. Ajoutez deux blancs d'œufs supplémentaires et remplacez le sucre par dix gouttes d'édulcorant de synthèse liquide. Vous obtiendrez en fait une mousse, et c'est la gélatine qui fera tenir l'ensemble.

CUISINE RAPIDE ET MICRO-ONDES
Rien ne peut remplacer la douceur et la régularité de la cuisson au bain-marie. De plus, la préparation doit être constamment remuée, ce qu'il est impossible de faire dans le four à micro-ondes.

RECOMMANDATIONS
Servez un muscat de Rivesaltes, qui se marie parfaitement avec la saveur douce et légèrement acidulée de la crème.
Si vous souhaitez relever délicatement le parfum de l'entremets, ajoutez une cuillerée à soupe de Grand-Marnier ou de Cointreau.
Accompagnez les coupelles de petites tuiles aux amandes fraîches ou de cigarettes russes.

Semoule aux fruits d'été

pour 4 personnes

- 50 cl de lait entier
- 300 g de fruits variés
(framboises, pêches, abricots, ananas, cerises...)
- 70 g de sucre en poudre
- 50 g de semoule de blé fine
- 50 g de raisins secs
- 2 cuil. à s. de sucre glace
- 2 blancs d'œufs • 1 cuil. à s. de rhum
- 1 poignée d'amandes effilées
- 1 pincée de sel

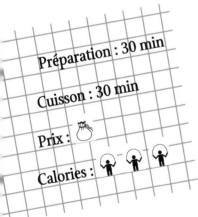

Préparation : 30 min

Cuisson : 30 min

Prix :

Calories :

Nettoyez les fruits, pelez les pêches et l'ananas, dénoyautez les cerises et coupez les fruits en petits dés. Placez-les au frais dans un saladier couvert de film plastique. Faites chauffer dans une casserole le lait additionné de sel et de sucre en poudre.

Lorsqu'il arrive à ébullition, jetez dedans la semoule en pluie et mélangez-la au fouet pour éviter la formation de grumeaux. Laissez-la cuire environ 10 min à feu doux, en remuant de temps en temps pour que le fond n'attache pas. Placez les raisins secs dans une petite casserole, couvrez-les d'eau tiède et ajoutez le rhum. Faites-les chauffer à feu doux pendant 5 min pour les faire gonfler. Retirez-les du feu et laissez-les infuser.

Faites chauffer le four à 180°, thermostat 5. Lorsque la semoule est cuite, versez-la dans la jatte contenant la salade de fruits, et ajoutez-y les raisins ainsi que leur jus de macération. Mélangez délicatement. Beurrez une tourtière d'environ 20 cm de diamètre et versez dedans la préparation.

Montez les blancs d'œufs en neige ferme avec le sucre glace, répartissez-les sur la semoule et formez des petits pics avec la pointe d'un couteau. Parsemez la surface d'amandes effilées et passez le plat au four pendant 15 min, jusqu'à ce que la meringue soit colorée. Servez ce dessert tiède ou froid.

tour de main

La semoule, contrairement au riz, cuit très vite. Il est important de la remuer souvent en cours de cuisson car elle a tendance à attacher rapidement.

A défaut de fruits frais, vous pouvez utiliser une boîte de macédoine de fruits, en prenant la précaution de les égoutter ; ou bien encore supprimez complètement les fruits frais et ajoutez deux fois plus de raisins macérés dans du rhum.

CUISINE MINCEUR

La quantité de semoule utilisée est faible car, en cuisant, ce féculent gonfle beaucoup. Allégez cependant la recette en remplaçant le lait entier par du lait écrémé. Ne sucrez pas le lait, et utilisez 30 g d'édulcorant de synthèse pour la meringue de couverture.

Bien entendu, préférez les fruits frais ou au naturel à ceux conservés dans un sirop de sucre.

CUISINE RAPIDE ET MICRO-ONDES

Il est possible de cuire la semoule dans le four à micro-ondes. Faites bouillir le lait dans un saladier pendant 4 min, à pleine puissance. Dès l'ébullition, ajoutez la semoule, fouettez, couvrez, et faites cuire 2 min à pleine puissance. Mélangez, puis laissez cuire encore 2 min. Ajoutez les fruits, mélangez délicatement les ingrédients, versez la préparation dans le plat de service et remettez-la au four 1 min. Nappez le dessus de meringue et faites-la dorer sous le gril traditionnel.

RECOMMANDATIONS

Proposez avec ce dessert aussi excellent qu'il est simple un sauternes, ou un vouvray moelleux.

Servez le gâteau nature, ou accompagné d'une crème anglaise ou d'un coulis de fruits.

Cette recette permet d'utiliser des fruits un peu trop mûrs, devenus impropres à la présentation en corbeille.

Flan au citron

pour 6 personnes

- 75 cl de lait entier
- 4 œufs
- 160 g de sucre en poudre
- 30 g de fécule
- 1 citron
- 1 gousse de vanille
- 1 pincée de sel

Les ingrédients

Préparation : 15 min

Cuisson : 45 min

Prix :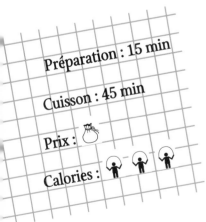

Calories :

228

Faites chauffer le four à 180°, thermostat 5. Placez 60 g de sucre dans une casserole, ajoutez une cuillerée à soupe d'eau et faites cuire ce sirop jusqu'à l'obtention d'un caramel doré. Éteignez aussitôt le feu, ajoutez, tout en remuant, une goutte d'eau froide pour stopper la cuisson du sucre et nappez de caramel le moule qui servira à la cuisson du flan.

Versez le lait dans une casserole, ajoutez-y le reste de sucre, la gousse de vanille fendue dans le sens de la longueur et la pincée de sel. Faites-le chauffer jusqu'au point d'ébullition, éteignez le feu et réservez le lait. Au-dessus d'un grand saladier, cassez les œufs et battez-les énergiquement en omelette à l'aide d'un fouet.

Tout en remuant, versez le lait chaud en mince filet sur les œufs battus, pour ne pas les faire cuire. Délayez la fécule dans une cuillerée à soupe d'eau froide et ajoutez-la au liquide. Lavez et séchez le citron et râpez-en finement le zeste, que vous incorporerez à la crème.

Mélangez soigneusement la préparation : la crème doit être lisse. Versez-la dans le moule caramélisé, placez-le dans un bain-marie et enfournez l'ensemble pendant 45 min. Démoulez l'entremets une fois refroidi et servez-le bien frais.

tour de main

Le caramel qui nappe le moule permet de démouler facilement le flan. Trempez le fond du récipient dans un grand plat rempli d'eau très chaude pendant quelques secondes, puis retournez le moule sur un plat de service.
Ne jetez pas la gousse de vanille utilisée : faites-la sécher et placez-la dans un bocal rempli de sucre en morceaux ; elle le parfumera agréablement. Sucrez votre café avec ces morceaux : le résultat est surprenant et délicieux.

CUISINE MINCEUR

Remplacez le lait entier par du lait écrémé et le sucre par quinze gouttes d'un édulcorant de synthèse liquide. Évitez de caraméliser le moule et servez dans le plat de cuisson (en Pyrex ou en céramique).

CUISINE RAPIDE ET MICRO-ONDES

Caramélisez un moule en Pyrex ou en céramique dans le four à micro-ondes en comptant 3 min de fonctionnement à puissance maximale. Réalisez la recette comme indiqué et placez le flan, non couvert, dans le four à micro-ondes. Faites cuire 3 min à puissance maximale. Laissez reposer l'entremets pendant 10 min avant de le sortir du four.

RECOMMANDATIONS

Servez avec ce dessert un vin blanc moelleux, comme un gewurztraminer, vendanges tardives.
Utilisez de préférence un citron non traité : son zeste est ainsi propre à la consommation. Si vous n'êtes pas certain de son origine, lavez-le soigneusement sous l'eau courante en brossant énergiquement la peau du citron. Vous pouvez accompagner le flan au citron d'une chantilly parfumée à la vanille, qui se marie très bien à la saveur acidulée du citron.

Mousse glacée au café

pour 6 personnes

- 500 g de crème fraîche
- 4 jaunes d'œufs
- 100 g de sucre
- 2 sachets de sucre vanillé
- 1/2 tasse de café très fort
- 10 grains de café

les ingrédients

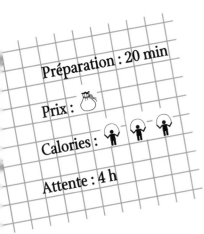

Préparation : 20 min

Prix :

Calories :

Attente : 4 h

Préparez un café très fort et laissez-le tiédir. **B**attez 400 g de crème fraîche en chantilly bien ferme avec un sachet de sucre vanillé. **M**ettez dans une terrine les jaunes d'œufs et le sucre.

Battez-les au fouet une dizaine de minutes au moins. **L**e mélange doit blanchir et devenir mousseux et léger. **I**l est préférable de procéder au fouet à main pour obtenir ce résultat.

Lorsque la préparation a la consistance désirée, ajoutez le café (tiède ou froid) par petites quantités, en mélangeant à la cuillère en bois. **T**rempez un moule métallique à bord haut dans l'eau et gardez-le humide à l'intérieur.

Incorporez enfin la crème Chantilly, puis versez la préparation dans le moule métallique. **P**lacez le moule au congélateur pour 4 h au moins. **A**u moment de servir, trempez le fond du moule quelques instants dans l'eau chaude, glissez une lame fine le long des parois et démoulez la crème glacée. **D**écorez avec le reste de crème et de sucre vanillé montés en chantilly et les grains de café.

tour de main

Pour préparer un bon café bien fort, utilisez de préférence une machine à expresso, ou bien une cafetière italienne type Zanzibar. Il est très difficile d'obtenir un bon café fort avec un filtre. Vous pouvez également utiliser du café instantané en dosant généreusement la préparation. Ajoutez éventuellement quelques gouttes d'extrait de café.

CUISINE MINCEUR

Du sucre et de la crème, voilà qui n'est guère recommandé pour ceux qui surveillent leur ligne. De surcroît, il a été démontré récemment que la consommation de café, même non sucré, contribue à la prise de poids : en effet, le café est un inducteur d'insuline. L'insuline permet à l'organisme de stocker les graisses... dans nos capitons. Remplacez éventuellement la crème fraîche par un mélange à part égale de fromage blanc à 0 % de matières grasses et de crème allégée, et le sucre par un édulcorant de synthèse. N'espérez pas de miracle, mais ce sera mieux que rien.

CUISINE RAPIDE ET MICRO-ONDES
Pas d'utilisation possible du four à micro-ondes dans cette recette.

RECOMMANDATIONS

Servez de l'eau fraîche pour que les convives puissent se désaltérer après la glace, puis un café un peu corsé et parfumé, un moka par exemple, ou un mysore des Indes, plus acidulé. Et pourquoi pas, une liqueur de café, telle que du Kahlua.
Choisissez une crème fraîche de qualité fermière, et très fraîche. Plus elle sera liquide et plus le dessert sera mousseux. L'idéal serait de trouver de la bonne crème fleurette chez un fromager. La crème liquide de longue conservation vendue en briquette a un goût prononcé qui risquerait de dénaturer ce dessert.

Mousse au chocolat amer

pour 6 personnes

- 200 g de chocolat amer
- 4 œufs
- 75 g de beurre
- 40 g de raisins de Smyrne
- 3 cuil. à s. de cognac
- 2 cuil. à s. de sucre en poudre
- 1 pincée de sel

Préparation : 15 min

Cuisson : 6 min

Prix :

Calories :

Attente : 6 h

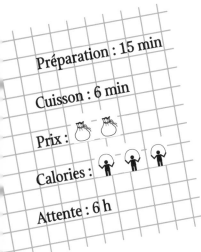

Rincez les raisins secs sous l'eau froide, mettez-les dans un bol et faites-les tremper dans le cognac. Cassez le chocolat en petits morceaux, et placez-les dans une casserole. Ajoutez une cuillerée à soupe d'eau.

Faites fondre le chocolat à feu très doux, en remuant constamment. Lorsqu'il est devenu mou, retirez-le du feu et incorporez-y le beurre coupé en morceaux. Remuez vivement, ajoutez les raisins et le liquide de macération, mélangez encore une fois et réservez la préparation.

Cassez les œufs en séparant les blancs des jaunes. Mettez les jaunes un à un dans le chocolat, en remuant à chaque fois pour qu'ils ne cuisent pas au contact de la pâte chaude. Ajoutez une pincée de sel aux blancs d'œufs et montez-les en neige ferme. Versez alors le sucre et continuez à battre jusqu'à ce que la neige soit très ferme et brillante.

Incorporez deux cuillerées à soupe de blancs en neige à la crème au chocolat en tournant, puis ajoutez le reste des blancs, et mélangez en soulevant la masse pour ne pas les écraser. Versez la mousse dans un compotier en verre que vous placerez au réfrigérateur pendant au moins 6 h. Servez bien frais.

tour de main

Lorsque vous faites fondre le chocolat, veillez à ce qu'il ne brûle pas. Sa température ne doit pas être trop élevée pour que les jaunes d'œufs ne cuisent pas à son contact. Le mieux est de le remuez sans arrêt ou bien de le faire fondre au bain-marie.
Si vous n'introduisez d'abord qu'une petite quantité de blancs dans le chocolat, vous allégerez la préparation.

CUISINE MINCEUR
La mousse au chocolat n'est pas un dessert minceur. La recette traditionnelle ne peut pas être modifiée suffisamment pour être recommandable dans le cadre d'un régime.

CUISINE RAPIDE ET MICRO-ONDES
Utilisez le four à micro-ondes pour faire fondre le chocolat. Cassez ce dernier en petits morceaux dans un bol en verre, ajoutez-y cinq cuillerées à soupe d'eau et placez-le dans le four pendant 2 min à pleine puissance. Mélangez alors la pâte au fouet jusqu'à ce qu'elle soit bien lisse.

RECOMMANDATIONS
Servez avec ce dessert un pineau des Charentes rosé.
Utilisez un chocolat noir de bonne qualité, dans une marque qui précise la teneur en cacao du produit – elle doit être d'au moins 56 %.
Si vous souhaitez retrouver le goût nature du chocolat, il suffit de supprimer de la préparation les raisins et le cognac. Vous pouvez relever légèrement la saveur du chocolat par une cuillerée à café d'extrait de café ou trois cuillerées à soupe de café fort.

Crème renversée aux pommes

pour 6 personnes

- 500 g de pommes
- 200 g de crème fraîche
- 200 g de sucre en poudre
- 2 œufs
- 75 g de Maïzena
- 2 cuil. à s. de jus de citron
- 1/2 gousse de vanille

Les ingrédients

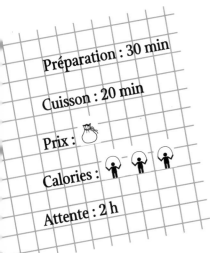

Préparation : 30 min

Cuisson : 20 min

Prix :

Calories :

Attente : 2 h

Pelez les pommes, coupez-les en quartiers, ôtez-en le cœur et les pépins et placez-les avec le jus de citron dans une casserole contenant 1 dl d'eau, le sucre et la vanille. Faites cuire pendant 20 min, retirez la gousse et passez les pommes au mixeur pour obtenir une compote lisse.

Cassez les œufs dans une terrine et fouettez-les énergiquement avec 50 g de sucre, la Maïzena et la crème fraîche. Lorsque la préparation est lisse, incorporez-y la compote de pommes tiède et mélangez soigneusement.

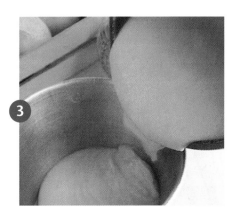

Transvasez cette crème dans une casserole et placez-la sur feu doux en remuant constamment, jusqu'à ce que le mélange épaississe. Versez-le alors dans un moule à charlotte et laissez-le refroidir.

Placez l'entremets refroidi au réfrigérateur pendant au moins 2 h. Lorsque la crème est prise, ou au moment de servir, passez un couteau entre la préparation et le moule. Placez un plat de service à l'envers sur le moule et retournez le tout d'un seul coup. Laissez descendre la crème sur le plat.

tour de main

Pelez deux fruits supplémentaires au dernier moment, coupez-les en quartiers, épépinez-les. Faites chauffer une cuillerée à soupe de beurre dans une poêle, ajoutez-y une cuil. à c. de sucre en poudre. Lorsque le beurre est juste chaud, jetez dedans les quartiers de pommes et faites-les revenir pendant 5 min en les retournant délicatement. Formez une couronne de pommes autour de la crème au moment de servir.

CUISINE MINCEUR

Il est difficile d'intégrer ce dessert dans un menu minceur : la quantité de crème fraîche, ajoutée au sucre et aux fruits, en font un plat très énergétique. Contentez-vous de cette variante : préparez la compote comme il est dit dans la recette, en remplaçant le sucre par un édulcorant de synthèse, garnissez-en des ramequins individuels et placez-les au congélateur 10 min. Couvrez de 25 cl de crème allégée à 15 % de matières grasses, saupoudrez de sucre en poudre ou de fructose et d'amandes effilées. Passez les ramequins sous le gril jusqu'à ce que la surface soit dorée et servez aussitôt.

CUISINE RAPIDE ET MICRO-ONDES

Le four à micro-ondes n'est d'aucune utilité pour réaliser la crème. En revanche, il peut servir à cuire la compote. Placez les quartiers de pommes pelés et épépinés dans un plat creux, ajoutez le sucre, une pincée de vanille en poudre et deux cuillerées à soupe d'eau. Couvrez les fruits et faites-les chauffer 10 min à puissance maximale. Passez la compote au mixeur.

RECOMMANDATIONS

Servez un cidre normand doux avec la crème renversée.
Choisissez des pommes acidulées et parfumées, de type Reines des reinettes, reinettes grises ou canadas.

ENTREMETS

Terrine de fraises au coulis de framboises

pour 4 personnes

- 400 g de fromage blanc battu, à 40 % de matières grasses
- 250 g de sucre en poudre
- 200 g de fraises
- 100 g de framboises
- 4 feuilles de gélatine
- 3 blancs d'œufs
- le jus de 1 citron vert
- eau de fleur d'oranger

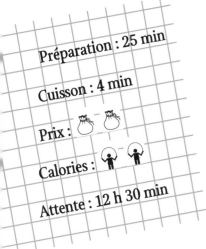

Préparation : 25 min

Cuisson : 4 min

Prix :

Calories :

Attente : 12 h 30 min

Versez le fromage dans une jatte, et lissez-le au fouet. Faites tremper les feuilles de gélatine dans un peu d'eau froide. Mettez 120 g de sucre dans une casserole, ajoutez deux cuillerées à soupe d'eau et portez à ébullition. Laissez frémir 1 à 2 min, puis retirez la casserole du feu.

Égouttez les feuilles de gélatine, et plongez-les immédiatement dans le sirop : elles vont se dissoudre rapidement. Mélangez et mettez au frais. Lorsque le sirop est tiède, versez-le sur le fromage blanc en fouettant ; ajoutez quelques gouttes d'eau de fleur d'oranger. Placez la jatte au réfrigérateur pendant 30 min, de manière que la préparation commence à prendre.

Pendant ce temps, battez les blancs d'œufs en neige dans un grand saladier. Ajoutez-y 30 g de sucre, et continuez à battre jusqu'à obtention d'une meringue. Versez le fromage rafraîchi dans le saladier, et continuez à fouetter le mélange pour bien le lisser. Lavez et équeutez les fraises. Passez sous de l'eau froide un moule à manqué, et égouttez-le.

Versez dedans la préparation et posez les fraises en surface, la pointe vers le bas. Mettez le moule 12 h au réfrigérateur. Préparez le coulis de framboises en versant les fruits dans une casserole avec 100 g de sucre et le jus de citron vert. Portez le mélange à ébullition pendant 2 min, puis laissez refroidir. Au moment de servir, retournez la terrine sur un plat de service et nappez de coulis de framboises.

tour de main

Le jus de citron vert est assez astringent ; il se marie bien avec les framboises. Cependant, le jus de citron jaune heurte moins les palais sensibles.

Toute cette préparation repose sur une bonne cohésion des différentes consistances : munissez-vous, pour mélanger les ingrédients, d'un bon fouet à main ou d'un fouet électrique, à condition qu'il possède une vitesse lente.

CUISINE MINCEUR

Remplacez le fromage à 40 % par du fromage à 0 % de matières grasses et utilisez un édulcorant de synthèse en faisant bien attention aux quantités : à volume égale, il a le même pouvoir sucrant que le sucre.

Les fraises comportent moins de 40 kcal pour 100 g et sont très riches en vitamines. Légèrement plus caloriques (40 kcal pour 100 g), les framboises contiennent beaucoup de fibres.

CUISINE RAPIDE ET MICRO-ONDES
Aucune utilisation du four à micro-ondes n'est possible pour réaliser cette recette.

RECOMMANDATIONS
Voilà un dessert délicat qui demande un vin moelleux, pas trop sirupeux : servez un muscat de Beaumes-de-Venise ou un rasteau, vin doux de la même région du Vaucluse.

L'eau de fleur d'oranger est une macération d'une certaine variété de fleurs d'oranger, qui est ensuite distillée. Malgré son arôme subtil qui semble léger, il faut l'utiliser en faible quantité, car elle est très concentrée.

Idées menus

MENUS « FAMILLE » OU COPAINS

*Salade de légumes panachés
Tagliatelles à la mozzarella
Tarte Tatin à l'ancienne

*Œufs farcis à l'oseille
Endives farcies
Mousse au chocolat amer

*Artichauts soufflés
Estouffade de pétoncles
Semoule aux fruits d'été

*Pot-au-feu
Crème douce à l'orange

*Petits beignets aux épinards et au lard
Pâtes aux quatre fromages
Terrine de fraises au coulis de framboises

*Œufs mollets au cerfeuil
Concombres à l'aneth
Crumble aux fruits

*Soupe maigre à la coriandre
Merlu aux légumes
ou saumon à la canadienne
Tarte aux fruits confits

*Œufs des bois
Gnocchi en robe rouge
Crumble aux fruits

*Friands savoyards
Ragoût de veau en Cocotte-minute
Gâteau léger au cacao

*Gnocchis de semoule au gratin
Terrine de fraises
au coulis de framboises

*Fèves à la nage
Moules à la catalane
Brownies

*Œufs farcis à l'oseille
Veau à la tsarine
ou escalopes de dinde à la diable
Flan au citron
ou crème douce à l'orange

*Tarte à la moutarde
Rôti de porc aux quatre sauces
Crumble aux fruits

*Œufs des bois
Hachis parmentier
Crème douce à l'orange